Lovescaping

Construyendo la Humanidad del Mañana
Practicando el Amor en Acción

Irene Greaves

Ilustraciones por Domingo Oropeza

Para todos mis queridos seres humanos, con la esperanza de que podamos Lovescape juntos

Contenido

¿Cuál es el trabajo de tus sueños?

Responder esta pregunta siempre ha sido un desafío para mí. No porque no he sabido lo que he querido hacer con mi vida, pero porque lo que he querido hacer – lo que he querido ser – no existe en la forma de un trabajo como tal. He guardado la respuesta a esta pregunta para mí misma hasta ahora. Me explico: aunque he sentido un deseo profundo de compartir mi mensaje, he dudado en expresarlo con palabras, ya que su existencia depende únicamente de las acciones. Pero he aprendido que, para discutir y perseguir un sueño, tenemos que nombrarlo.

Mi trabajo ideal es amar.

Lo he dicho: lo he nombrado y ahora puedo perseguirlo. Lovescaping es el trabajo de mi vida, el trabajo de mis sueños. Lo que quiero hacer es amar y enseñar a amar.

Lo que soy es una Lovescaper.

Introducción

*"Contemplar la muerte siempre ha sido un tema que
me lleva de vuelta al amor"*
bell hooks

¿Cómo surgió esta historia? *Lovescaping* es la historia de mi vida, basada en mis experiencias hasta la fecha durante mi corto tiempo aquí en la Tierra. A pesar de que el amor ha estado en el centro de mi vida desde el momento en que nací, no fue hasta hace unos años que tuve mi momento eureka y me di cuenta de que el amor es la respuesta. "¿La respuesta a qué?" puedes preguntar. En las páginas que siguen, espero responder esa pregunta y proponer una filosofía de vida basada en practicar el amor en acción. He tenido la suerte de haber recibido una gran cantidad de amor de parte de mi familia, mis amigos y mi comunidad; y este amor me ha dado las herramientas para tener éxito en amarme a mí misma y a los demás.

¿Dónde y cómo aprendemos a amar? ¿De quién es el

trabajo de enseñarnos a amar? Estas preguntas son tan infrecuentes que incluso las podemos encontrar incómodas o superfluas. Asumimos que "recogeremos" el amor en el hogar, a través de nuestras familias. Sin embargo, no todos tienen el privilegio de aprender a amar en su familia, y muchos padres, incluso con las mejores intenciones, no están equipados con las herramientas para enseñar a sus hijos a amar, porque ellos mismos nunca aprendieron. Y así continúa el ciclo y creamos una sociedad privada de amor.

Si leíste la cita de bell hooks al inicio de este capítulo, quizás estés pensando que es extraño comenzar con la muerte en un libro sobre el amor. Pero no lo es. Comprender que la muerte es una parte intrínseca de la vida ha sido una revelación para mí. Aprendí a entender que la naturaleza de la vida incluye la muerte: cada organismo vivo en este planeta pasa por un proceso cíclico en el que hay un principio y un final.

Cuando mires más de cerca, te darás cuenta de que están inextricablemente vinculados, que no hay vida sin muerte, y que no hay muerte sin vida. Entender este hecho obviamente cambia tu perspectiva sobre la muerte y sobre la vida. Mi viaje ha sido hacer las paces con la muerte, como si la muerte fuera un enemigo. Solía sentir rabia hacia la muerte, ¿cómo se atreve a venir y quitarme a mis seres queridos?

Pero esa línea de pensamiento solo lleva a otra conclusión: entonces también debería sentir rabia hacia la vida. No tenía sentido condenar a la muerte y no a la vida. Cuando aprendí a aceptar la muerte como una parte natural e intrínseca de la vida, me llevó al amor. Porque el amor es el hilo que entrelaza el ciclo de la vida y la muerte.

¿Qué dejamos atrás cuando morimos? Nuestros cuerpos se convierten en cenizas, polvo, nutrientes para otras especies. ¿Pero qué cosas intangibles dejamos atrás? ¿Qué nos sobrevive? Sólo las acciones que llevamos a cabo en el mundo siguen vivas, cuyo impacto, según su magnitud, pueden afectar a las personas que nos rodean o a millones en todo el mundo. No hay mayor impacto que el del amor. Lo único que puede trascender nuestro ser físico es el amor. Los efectos del amor permanecen a lo largo del tiempo; la influencia del amor puede causar un efecto dominó que toca y nutre a otros, incluso mucho después de que nuestros cuerpos mortales hayan dejado de existir. Cuando contemplo la muerte de mis seres queridos, me siento inevitablemente transportada al amor, porque el amor es lo que dejan atrás.

Antes de articular la filosofía de Lovescaping, la mejor forma en la que podía definir el amor era a través de la amistad. Desde que dejé mi país de origen, Venezuela, en 2005, he estado viviendo en diferentes partes del mundo, haciendo amistad con innumerables seres humanos de todas las razas, religiones, culturas, idiomas, géneros, niveles socioeconómicos, edades y todas las demás distinciones que te puedas imaginar. Estas experiencias en particular me llevaron a la conclusión de que el amor es el único poder que trasciende todas las diferencias, porque estas amistades lo han demostrado.

bell hooks habla del amor como una elección, argumentando que no tenemos que amar, sino que elegimos hacerlo. La amistad es el mejor ejemplo de que el amor es una elección, ya que implica la decisión consciente y el esfuerzo activo para aceptar sinceramente a otros seres humanos con el compromiso inquebrantable de amarlos. No podemos elegir a nuestras familias, pero sí elegimos a nuestros amigos; las conexiones que hacemos van más allá del género, la raza, el idioma, la cultura u otras superficialidades. Sigo sintiéndome inspirada cuando veo cómo personas de rincones completamente opuestos del mundo pueden encontrarse y conocerse, amarse y hacerse amigos.

A medida que he ido creciendo, me he dado cuenta de que el tiempo no es la unidad adecuada para medir el significado de una amistad. Un incremento de tiempo no puede capturar la profundidad, la magnitud y la densidad de la conexión profunda que puede ocurrir entre personas cuando nos volvemos vulnerables y revelamos nuestro ser más interno, y el tiempo y el espacio dejan de separarnos. El tiempo no hace justicia a la amistad. ¿Qué son segundos, minutos, horas, días, meses y años junto a esta conexión que me permiten *sentir* y *ser* íntegro?

Existe un pacto tácito entre amigos, un cierto conocimiento que no necesita ser proclamado, una confianza inherente que florece, donde nunca es necesario decir "no le digas a nadie". La amistad prospera en
la autenticidad. Ahí es donde se encuentra su poder:
no hay pretensión, no hay encubrimiento, no hay fal-
sificaciones. En tu ser más genuino posible, estás diciendo: "Aquí estoy; este soy yo", y yo estoy respon-
diendo, "te veo. Te amo."

La amistad va más allá de *aceptar* a *abrazar* por
completo a otra persona. La amistad es como la arena:
imagina un castillo de arena que construyen juntos
dos amigos. Pueden pasar todo el tiempo del mundo
construyendo la estructura, haciéndola grande o pequeña, alta o corta, detallada y ornamentada, o sobria
y minimalista. Ellos construyen juntos, aunque saben
que será disuelta por el mar. Continúan, porque incluso cuando se desmorona, la arena aún persiste, en una
forma diferente. Como la amistad, la arena toma una
forma particular en ese momento en el tiempo; es ma-

leable y ajustable, y sin importar qué formas construyas, ni cuántas veces se disuelva nuevamente en la gran extensión de la playa, no deja de existir. Siempre está ahí.

Las amistades vienen en todas las formas y tamaños. No pretendo sugerir que la longevidad en las amistades sea irrelevante o no importante: un vínculo especial existe cuando las personas comparten una historia. Como un tesoro escondido en el pasado, cuando los viejos amigos se juntan, abren el cofre y exploran sus pertenencias, algunas que sólo ellos pueden descifrar y valorar juntos. ¡Qué maravilloso es compartir un pasado, recordar con viejos amigos! Pero la magia también ocurre cuando nuevos amigos se unen y saborean esa conexión profunda.

Siempre me he sentido como un pájaro, volando libre, buscando, deambulando y explorando nuestro mundo. Incluso en mi juventud era como un pájaro, pero siempre tenía un nido fuerte y seguro al que regresar, donde recibí amor incondicional de mi familia. Tener este nido me permitió cultivar el amor por mí misma -mi amor propio- y mi amor por los demás. Mientras volaba cada vez más lejos de mi hogar, ese amor fue puesto a prueba y lo que sucedió fue extraordinario: creció. A través del cultivo de amistades en varias partes del mundo, llegué a la conclusión de que todos podemos aprender a amar y que el amor en acción puede cambiar el mundo. Éste fue el nacimiento de Lovescaping.

En *Cartas a un Joven Poeta*, Rainer Maria Rilke declaró: "Para un ser humano amar a otro es quizás la tarea más difícil de todas, el epítome, la prueba definitiva. Es ese esfuerzo para el que todo otro esfuerzo es meramente una preparación". Lovescaping es mi humilde intento de abordar esta prueba definitiva, con la esperanza de que nuestro mundo se convierta en un lugar más amoroso.

¿Quién soy yo para intentar esta "tarea más difícil"? En pocas palabras, soy un ser humano que ama y soy amada, y he sido testigo del gran poder del amor: su capacidad para transformar y cambiar a las personas, su capacidad para sanar, nutrir y revivir. El amor es tan poderoso que me ha permitido llegar a la conclusión de que, efectivamente, es la panacea para todos los problemas de nuestro mundo. No tomo esta afirmación a la ligera, y hablo en serio cuando afirmo que el amor puede salvar nuestro mundo.

Mi infancia estuvo llena del más grande de todos los privilegios: el amor incondicional. Crecí con dos madres: mi madre biológica, Mami, y mi madre no biológica, Mamajose, nuestra niñera que se unió a nuestra familia justo después del nacimiento de mi hermana mayor. Crecer con dos madres me permitió comprender el poder trascendente e infinito del amor. Ni siquiera los lazos de sangre se interponen en el camino del amor. Si lo hicieran, ¿cómo puedo amar a ambas madres con tanta intensidad? El amor no tiene un límite; no hay una cantidad determinada de amor que uno pueda dar o recibir, y esto lo convierte en la experiencia y expresión más singular para la humanidad.

El mundo de Mami se convirtió en un escenario en el que mis hermanas y yo éramos las protagonistas de su obra. Se dedicó a criarnos, a apoyarnos en cada paso de nuestro viaje educativo, a sentarse en nuestra pequeña mesa de madera donde hacíamos nuestra tarea todos los días. Se involucró en todas nuestras actividades extracurriculares, nos leía nuestros libros favoritos en voz alta y siempre nos recordaba cuánto nos amaba. Mamajose nos bañaba, vestía, alimentaba, mimaba y jugaba con cada una de nosotras con un cuidado meticuloso y amoroso, y vivíamos en constante conciencia de su adoración. Mi papá, Papi, nos acostaba todas las noches y se sentaba en nuestras camas y nos cantaba una canción de cuna mientras nos acariciaba la frente y el cabello hasta que nos dormíamos.

Crecí en Maracay, una pequeña ciudad 120 kilómetros al suroeste de la capital de Venezuela, Caracas. Maracay es conocida como la "Ciudad Jardín" debido a su exuberante vegetación, colinas y montañas, hierbas, árboles y flores de todos los tamaños y todos los colores, en toda la ciudad. Nuestra casa estaba al pie de una pequeña montaña, y podíamos ver otras montañas más grandes a la distancia.

Nuestra propia casa ejemplificaba el rico surtido de zonas verdes de la Ciudad Jardín: en nuestro jardín teníamos árboles de mango, aguacate, limón, mamón (lima española), plátano, eucalipto, pomelo, cayena (hibisco), pomarrosa (aguamarina rosada), y muchas otras variedades de hierbas, flores y árboles. Había muchos animales también: las iguanas gigantes deambulaban por la grama y trepaban los árboles, los colibríes bebían el néctar de las flores y las serpientes cascabel venenosas se deslizaban en las frondosas sombras. Muchos de mis mejores recuerdos de infancia son jugando en nuestro jardín con mis hermanas y nuestros amigos.

Teníamos una casa de muñecas, una casa en el árbol, columpios, un tobogán y un balancín; y pasábamos interminables días jugando afuera a pesar del clima siempre caluroso y húmedo. Nuestra casa siempre estaba llena de amigos. Jugábamos de todo, desde el escondite a policías y ladrones, la candelita, *kicking ball* y juegos que Mamajose inventaba. Mamajose era un imán para los niños: todos la amábamos y le suplicábamos que siguiera jugando con nosotros, incluso después de pasar horas jugando el mismo juego. Nos encantaba bañarnos con la manguera de agua y llenar globos de agua durante el Carnaval o simplemente cuando el clima estaba muy caliente. Contra las órdenes de mis padres, mi mejor amiga y yo nos subíamos y nos escondíamos en el techo verde de nuestra casa, desde donde podíamos ver el cielo y las montañas a nuestro alrededor y soñar con el mundo más allá del nuestro.

Soy la hija del medio, intercalada entre mis dos preciosas hermanas, Tuti y Sofía. Creciendo, Tuti y yo éramos "uña y mugre", inseparables, ya que teníamos un poco más de un año de diferencia. Sofía es cuatro años menor que yo, y era una niña traviesa, inteligente e ingobernable. Tuti fue el bebé más hermoso que jamás haya nacido, con ojos azules como el Mar Caribe y piel como un melocotón. Ella era la bebé perfecta por todas las medidas; siempre feliz, rara vez lloraba. Cuando cumplió un año, tuvo una fiebre extremadamente alta que la cambió para siempre. Su condición nunca ha sido diagnosticada, pero la fiebre la dejó con un problema motriz grave y retraso en su desarrollo. Tuti es completamente inocente: siempre será como una niña, pura, honesta y sin malicia. Ella es la personificación del amor, y compartir mi vida con ella ha sido el mejor regalo que he recibido.

Tuti me enseñó muchos de los valores que he llevado conmigo a lo largo de mi vida, los valores que me permitieron convertirme en una Lovescaper. A pesar de todas sus dificultades y luchas, logró triunfar, elevarse más allá de su condición, abrazar la alegría de estar viva y difundirla. Para Tuti, cada pequeño acto es una victoria, y nuestra familia lo celebra sin pedir disculpas. Cuando aprendió a caminar, cuando aprendió a correr sin caerse, cuando aprendió a hablar, cuando aprendió a escribir y leer, cuando aprendió a comer sola, vestirse sola, cuando se graduó de la escuela secundaria, todas fueron hazañas para ella y para todos. Nunca las dimos por sentado, y comprendimos la capacidad de resiliencia que ella tuvo para lograrlas.

Este fue el nacimiento de la gratitud para mí, apreciando cada detalle y minuto de mi vida, sin importar lo pequeño que fuera. Tuti nunca se quejó, incluso con el sufrimiento que soportó a través de numerosas pruebas médicas, procedimientos dolorosos y tratamientos experimentales para tratar de descubrir una cura para su condición. Viendo a Tuti, aprendí a pensar dos veces antes de quejarme. Nunca he dado por sentado las partes más esenciales de mi existencia, como estar saludable y tener la capacidad de usar todas mis facultades.

Crecer junto a una niña con necesidades especiales inevitablemente cambia la perspectiva de la vida. Desarrollé una sensibilidad que me permitió apreciar y valorar todas las diferentes formas de existencia en nuestro planeta. Desde el principio, aprendí que hay muchos matices que hacen a los seres humanos únicos y especiales. Que no hay una forma correcta o incorrecta, sino muchas maneras diferentes. Aprendí la importancia de la diversidad y la integración, y aprendí la lección fundamental de que todos pueden enseñarnos algo. Siempre. Sin excepciones.

Tuti me enseñó el valor de la paciencia, de aprender a

esperar mientras se vestía, comía o dibujaba. Tuti también asumió su papel de hermana mayor y se convirtió en mi protectora más feroz cuando éramos niñas. Durante nuestra primera infancia, yo era una niña pasiva y temerosa que permanecía paralizada como una estatua cada vez que alguien me lastimaba. Tuti no lo toleraba; golpeaba con su lonchera a los niños que me molestaban, especialmente a los que me jalaban del pelo y me hacían llorar. Nunca más se atrevían a meterse conmigo. Ella me enseñó a defenderme, a perder el miedo y a abrir mis alas. Tuti me enseñó a ser disciplinada, a perseverar y a ser valiente. A medida que nos hicimos mayores, el coraje que me inculcó me convirtió en su feroz defensora, así como la de cualquier persona excluida o marginada en la sociedad.

Crecer con Tuti no fue fácil. Tuve que aprender a lidiar con sentimientos de culpa, vergüenza y rechazo. Pasé por un período en el que me molestaba estar con mi hermana, cuando sentía que me retenía, e incluso me avergonzaba estar con ella. Sin embargo, durante la mayor parte de mi vida, el sentimiento con el que más he luchado ha sido la culpa: la culpa porque yo era "normal" y ella no lo era; la culpa porque ella no podía hacer las cosas que yo podía; la culpa de "¿por qué ella y no yo?" Me tomó muchos años cruzar ese puente de la culpa a la empatía, pero cruzar ese puente me hizo entender a mi hermana y su condición bajo una nueva perspectiva: Tuti era feliz viviendo su vida y ella ni por un segundo resentía el hecho de que éramos diferentes.

Mami luchó todos los días para integrar a Tuti en nuestro mundo. Ella le enseñó a toda nuestra comunidad que no hay vergüenza en ser diferente. Admiro la determinación con la que ella luchó (¡y aún lucha!) para incluir a Tuti en tantas actividades como sea posible. Mami se preocupaba de que Sofía y yo la resintiéramos porque le prestaba tanta atención a Tuti, que pensáramos que no nos quería tanto como a nuestra hermana. Pero toda nuestra familia cruzó ese puente de la culpa a la empatía y aprendimos que el amor no se disminuye cuando se comparte. Incluso cuando Mami o Papi no estaban físicamente cerca, siempre teníamos un ejército de amor rodeándonos: Mamajose, mi abuela Atita, mis tíos y muchos otros amigos y familiares. Como familia, pasamos por altibajos como todas las familias, pero nunca perdimos de vista lo más importante: el amor. Nunca olvidaré algo que una vez me dijo Papi: "¿Sabes dónde está nuestro hogar?... Es donde está Tuti".

Sí, el amor fue fundamental para mi infancia. Pero en el mundo exterior, cuando tuve que interactuar con personas que nunca había conocido antes, personas que eran diferentes a mí, que no conocían mi historia, que tenían diferentes creencias, diferentes sistemas de valores, diferentes idiomas, diferentes culturas, ese amor fue puesto a prueba.

Tomé el amor con el que me había nutrido mi familia y lo llevé al mundo exterior.

Allí, Lovescaping se hizo posible.

uBuntu y Amistad

Aprendí sobre uBuntu por primera vez mientras vivía en Mozambique en 2010. uBuntu tiene sus raíces en las lenguas bantúes del sur de África, y significa "soy porque eres" o "soy porque somos". uBuntu no es sólo una palabra, sino una forma de vida, una filosofía, una forma de conocer, una forma de convivir en comunidad y vivir unos con otros.

En uBuntu no hay defensa del individualismo. Por el contrario, no hay "yo" sin "tú", no hay "yo" sin "nosotros"; nuestra existencia depende de la de cada uno. Como una tela de araña gigante, todos estamos interconectados. uBuntu se vive diariamente a través de acciones y a través de una increíble muestra de solidaridad.

Piensa por un momento en uno de los principios filosóficos occidentales más básicos presentados por Descartes: *cogito ergo sum*, "Pienso, por lo tanto, soy". ¿Qué significa ser? Esta pregunta ha desconcertado a los seres humanos desde el principio de los tiempos. En la definición de Descartes ser es pensar. Esta es una forma de definir la existencia, pero creo que es insuficiente. Compara esto con la filosofía de uBuntu y verás que incluso si piensas, no eres, de hecho, no puedes serlo, sin mí. Yo soy, no solo porque pienso, sino porque tú eres. Bajo este paradigma, no hay concepción de la existencia como individuos solitarios que usan sus cerebros para pensar; pero en cambio, hay un sentido de solidaridad, una interdependencia entre todos los humanos.

Cuando pienso en uBuntu, pienso en las amistades, cómo se forman, cómo se materializan y cómo crecemos para contar con ellas para el consuelo, el apoyo y la esperanza.

Para compartir Lovescaping contigo, tengo que comenzar con Mozambique. Porque fue allí donde aprendí que contemplar la muerte lleva al amor. No hay otra manera de comenzar a entender Lovescaping que con la historia de Elías. Es una historia de amistad, vida, amor y muerte. La muerte nos ayuda a recordar la naturaleza evaporatoria de la vida: como una niebla, puede aparecer y desaparecer, a veces de forma inesperada y repentina. La muerte me permite apreciar cada oportunidad que tengo de respirar y amar todo lo que me rodea. También me une al resto de la humanidad.

Elías

Ningún hombre es una isla entera por sí mismo.
Cada hombre es una pieza del continente,
una parte del todo.
Si el mar se llevara una porción de tierra, toda Europa
quedaría disminuida,
como si fuera un promontorio,
o la casa de uno de tus amigos, o la tuya propia.
Ninguna persona es una isla;
la muerte de cualquiera me afecta,
porque me encuentro unido a toda la humanidad;
por eso, nunca preguntes por quién doblan las campanas:
doblan por ti.

John Donne (1624)

Conocí a Elías un martes por la tarde en mayo de 2010, cuando asistí a un seminario sobre tuberculosis para voluntarios de la comunidad. La tuberculosis es la principal causa de muerte para las personas con VIH. En Mozambique, el número de víctimas de tuberculosis aumenta cada año, aunque es curable. El señor Martins, un enfermero con muchos años de experiencia en el hospital, estaba capacitando a voluntarios locales para informar a las comunidades sobre las formas de prevenir y tratar la tuberculosis.

El seminario se llevó a cabo en el idioma local, shangana, pero todos los folletos estaban en portugués. El señor Martins traducía los puntos más importantes para mí. Vestía un impecable uniforme blanco y anteojos que magnificaban el tamaño de sus ojos, tenía una nariz grande y plana y una barriga redonda. Caminaba con sus pies casi extendidos horizontalmente. Era un excelente orador y le gustaba interrogar a los participantes para asegurarse de que habían adquirido el conocimiento que tan apasionadamente transmitía. Tuvimos un descanso para almorzar después de que terminaron las presentaciones, y algunas personas que trabajaban en el hospital se unieron a nosotros.

Elías vino a almorzar. Lo noté de inmediato porque tenía una cara perfectamente redonda, ojos negros observadores y una hermosa sonrisa; sus dientes perfectamente alineados eran los más blancos que jamás había visto. Era fuerte, con una pequeña barriga protuberante. Sergio, el médico del hospital, me lo presentó:

"Este es Elías, nuestro técnico de laboratorio", dijo, y nos dimos la mano. Elías tenía manos grandes, con

dedos gruesos y palmas duras. Cuando se sentó a comer, sus ojos se movían rápidamente en todas direc-
ciones, observando todo a su alrededor, como un león
que examina a su presa antes de hacer un movimiento. Comió con hambre. La señora Esther, quien estaba
a cargo de la comida, comentó: "Elías come con tanto
entusiasmo... ¡me encanta verlo comer!" mientras sol-
taba una carcajada. Después de que terminó de comer,
se fue, y no pude evitar notar en él un aire de superio-
ridad.

Esa semana fui tres veces al hospital, pero no vi a
Elías porque me quedé en la sección de maternidad
con las enfermeras. El viernes por la noche fui a casa
de mi amiga Mercedes a cenar. Mientras me acercaba
a la casa, escuché la dulce melodía de una guitarra y
voces cantando en el balcón. Para mi gran sorpresa,
era Elías quien tocaba la guitarra.

—¡Hola! ¡Qué bueno verte otra vez! ¿Has estado yendo
al hospital? —me preguntó mientras me sentaba a su
lado para cantar.

—Sí, he ido, pero no te he visto —dije—. He estado trabajando en la sección de maternidad.

—¿Por qué no has venido al laboratorio? ¡Necesito mucha ayuda allí! —reclamó.

—Vendré la próxima semana —le contesté mientras Mercedes me pasaba un trago de gin con tónica.

Elías tocó una melodía, e inventamos letras para ella, tanto en inglés como en portugués. El inglés de Elías era muy bueno, y él quería practicar y mejorar. Le dije que tenía clases nocturnas para los estudiantes más avanzados y que él podría unirse. Emocionado, dijo que vendría el lunes. Bebimos, cantamos y tomamos fotos.

A partir de esa noche, Elías y yo nos sentábamos juntos e improvisábamos canciones. Su capacidad infinita para inventar melodías y letras diferentes me impresionaba. En esa primera noche cantó una melodía dulce con un coro personalizado que decía, .

"En el avión,

Irene viene

A Mozambique,

Esta noche...

Tu-ru-ru-ru ... "

No podía distinguir la letra exacta del resto de la canción, pero mencionaba animales diferentes que veía
en Mozambique, incluidas las cebras y los leones.
Cada vez que tenía la guitarra con él, le pedía que la
tocara y cantara para mí.

Terminamos nuestra cena y se estaba haciendo tarde.
Elías se ofreció a acompañarme a casa, así que nos
despedimos y cruzamos la calle. Pasamos por un bar
vacío que tenía tres mesas de billar y Elías entró.

—¿Sabes cómo jugar? —me preguntó.

Cuando dije que no, hizo un gesto a un anciano que
estaba sentado en la esquina y le dio algo de dinero.
Comenzó a jugar y me mostró cómo colocar el taco
de billar y mi cuerpo, cómo apuntar y cómo elegir qué

bola golpear. Lo intenté sin éxito.

—¡Vamos, puedes hacerlo! Necesitas golpear la bola con confianza. Mantén tus ojos en la bola, en tu objetivo: ¡concéntrate! —Elías me ayudó con el agarre, y logré golpear una bola con éxito. Yo estaba feliz.

—¡Sabía que podrías hacerlo! Fácil, ¿verdad? —dijo sonriendo.

Después de eso, caminamos por pequeñas tiendas alineadas una junto a la otra a lo largo del camino de arena. Un grupo de personas estaban reunidas alrededor de una tienda en particular. Un popurrí de música de Michael Jackson estaba sonando, y un hombre delgado estaba bailando en el medio, moviéndose al ritmo mejor que el mismo Michael Jackson. Era increíblemente flexible y veloz, una de esas personas dotadas que parecen nacer con el único propósito de mover sus cuerpos. Elías y yo quedamos impresionados. No pude resistirme a unirme al bailarín, así que entré al círculo. Todos gritaron:

—¡*Mulungo* bailando, *mulungo* bailando! —cerré los ojos y dejé que mi cuerpo fluyera al ritmo de la canción alegre.

Elías permaneció con los demás en el círculo, observándonos bailar y animándonos. Cuando terminó la canción y Elías y yo nos despedimos del grupo, pregunté por el nombre del hombre que movía su cuerpo como una serpiente. "Joaquim", respondió alguien del grupo, porque el hombre seguía bailando, completamente absorto en su música.

Esa noche marcó el comienzo de una hermosa amistad entre Elías y yo. Nos convertimos en mejores amigos y colegas; le enseñé inglés y él me enseñó todo lo que tenía que aprender en el laboratorio. Me enseñó a diagnosticar la malaria buscando el plasmodio en el microscopio. Me enseñó a identificar el bacilo de Koch en el microscopio para diagnosticar la tuberculosis. Me enseñó cómo determinar el tipo de sangre de una persona y cómo tomar muestras de sangre. Me dio lecciones sobre las células sanguíneas, el VIH y muchas otras enfermedades. Éramos un equipo, inseparables, indestructibles. Cuando trabajábamos juntos en el laboratorio, terminábamos nuestro trabajo en la mitad del tiempo.

Los miércoles eran los días de mayor actividad en el laboratorio, ya que, aparte de la rutina normal de cientos de pacientes que acudían a hacerse la prueba de malaria y otras enfermedades, necesitábamos tomar muestras de sangre de alrededor de cien personas con VIH para el recuento de CD4. Las muestras de sangre se tomaban temprano en la mañana de los pacientes y se enviaban a Xai-Xai, una ciudad más al norte donde tenían el equipo necesario para realizar las pruebas. Las personas infectadas por el VIH se enfrentan a una reducción continua de sus células CD4, una parte del sistema inmunológico. Dependiendo de cuán bajo sea el recuento de CD4, se puede determinar cuándo el paciente tiene SIDA y cuándo debe administrarse el medicamento. El recuento también nos ayuda a comprobar la eficacia del medicamento en pacientes que ya están tomando antirretrovirales.

Cuando llegábamos a las 7 a.m. para preparar todo para el "Maratón CD4" como lo llamábamos, había pacientes esperando afuera. Algunos venían de muy lejos o tenían que ir a trabajar temprano y querían estar entre los primeros. Colocaban sus papeles con sus órdenes de examen en una caja que habíamos establecido fuera del laboratorio. Yo estaba a cargo de llevar el control y documentar todo, y Elías sacaba las muestras de sangre. El primer paso era encontrar el cuaderno de CD4 y escribir la fecha y el número de pacientes, de uno a cien. A continuación, recogía los papeles de las cajas de afuera y los numeraba. Luego, una enfermera traía una caja de cien tubos de análisis de sangre vacíos.

Yo estaba a cargo de mantener un seguimiento de todos los tubos de sangre. Llamábamos al paciente número uno y la persona con ese número escrito en el examen se nos acercaba. Escribía el nombre del paciente en el cuaderno al lado de "1", luego escribía "1" con un marcador permanente en el tubo de análisis de sangre y se lo pasaba a Elías, quien luego extraería la sangre del paciente. El tubo se colocaba en una caja junto con su orden de examen, con el número y el nombre del paciente. Esta era una tarea de vida o muerte, y tenía que asegurarme de verificar y volver a verificar que toda la información era precisa y que cada número asignado a cada paciente era en realidad el mismo número en el tubo de análisis. Tenía una gran responsabilidad y no se podían cometer errores; la vida de los pacientes dependía de ello. Elías era un maestro en la extracción de muestras de sangre, pero incluso batallaba con varios pacientes. No importaba dónde pinchaba el brazo, a menudo la sangre no salía. Era una tarea ardua. Podía ver gotas de sudor rodando por su cara cuando luchaba por encontrar una vena que le diera sangre.

—No hay sangre —suspiraba— ¡A esta gente no le queda sangre!

Algunos de los pacientes más difíciles eran los niños. Era desgarrador ver a los bebés que traían al laboratorio para verificar su recuento de CD4. Estos bebés nacían con VIH. Luchaban, pateaban y gritaban, y a veces nos tocaba a cuatro de nosotros sostenerlos mientras Elías intentaba sacarles sangre de sus brazos. En este punto a menudo fallaba, por lo que casi siempre terminaba extrayendo sangre de la vena yugular en el cuello. Ver a estos niños sufrir mientras se extraía sangre de sus frágiles y pequeños cuerpos destrozaba mi corazón. Pero lo que hacía que mi corazón se rompiera aún más era el conocimiento de que estos bebés habían nacido en el mundo con un virus tratable pero incurable. La madre o el cuidador que los traía nos ayudaba a mantener al niño quieto; a veces sus rostros mostraban tristeza y dolor, y otras veces, indiferencia.

Cuando estábamos solos, Elías me llamaba Madame, que en portugués tiene acento en el "da", y en ocasiones era utilizada en Mozambique como un título entrañable y respetuoso. En nuestras clases de inglés me llamaba *Teacher* y en el laboratorio me llamaba por mi nombre. Para mí, él siempre era Elías. Nos abrimos el uno al otro y hablábamos sobre nuestras vidas: nuestro pasado, nuestro presente y nuestros sueños futuros. Con estos destellos de su pasado, comencé a construir una imagen completa de Elías, de la misma manera que él construyó su imagen de mí. Elías era astuto, hábil e ingenioso y nunca dejaba escapar una oportunidad. Una vez, cuando regresábamos del laboratorio a mi casa, me contó una historia sobre la época cuando era un adolescente y trabajó en una perfumería en Maputo, la capital de Mozambique.

—Los dueños eran indios. Al principio fueron terriblemente descorteses y me trataron con desdén. En sus ojos yo siempre era el "negro", pero a pesar de eso, me contrataron y me mantuvieron por un tiempo. Pasaron las semanas, y el dueño vio que era un buen vendedor. Nuestras ventas aumentaron dramáticamente y la tienda estaba haciendo buen dinero. Comenzó a tratarme con más respeto y, a medida que pasaba el tiempo, el anciano indio se volvió más cariñoso. Meses más tarde comenzó a llamarme "hijo" y me invitó a sus reuniones familiares, y me convertí en parte de su familia. Tengo que admitir que fui un buen vendedor. Para ganar más dinero, vendía los perfumes a un precio más alto del que estaban marcados y mantenía la diferencia para mí —interrumpió nuestra caminata rápida y se detuvo para mirar la expresión en mi cara.

—¡Puedo verte haciendo eso, Elías! —reí.

—No pienses mal... ¡Nunca he robado y nunca robaré! Estaba ganando dinero extra para mí y no le hizo daño a nadie. Los dueños todavía ganaban buen dinero y estaban felices. Yo también —dijo.

—Nunca pensé que estabas robando, sólo estaba pensando en lo listo que eres —y le di un codazo en el brazo.

Él se echó a reír, y vi una sonrisa de nostalgia que se cruzó en sus labios por los tiempos pasados.

—Tuve que dejar la tienda porque estaba estudiando y el anciano indio estaba devastado. Él cada día iba envejeciendo más y unos meses más tarde supe que había muerto. Me sentí muy triste y visité a su familia para ofrecer mis condolencias. Todos fueron extremadamente amables y parecían realmente felices de verme. Esa fue la última vez que los vi. Ni siquiera sé si aún mantienen la tienda —concluyó.

—Quizás cuando vuelvas a Maputo, puedas pasar y ver si la tienda todavía está allí —sugerí.

—¡No! Sería demasiado triste caminar y descubrir que la tienda ya no existe, prefiero no saberlo —dijo.

Caminamos en silencio bajo el cielo inmóvil y estrellado, dos vagabundos perdidos en el pasado.

Durante mis clases de inglés siempre tocaba música mientras los estudiantes hacían sus ejercicios. Un día, Elías me pidió que compilara una lista y le grabara un CD con canciones de guitarra; tenía un oído excelente y retenía cualquier melodía, cualquier nota, después de escucharla una vez. Así que compilé varias canciones diferentes que presentaban a la guitarra como el instrumento principal. Le di el CD, y él obedientemente escuchó todas las canciones. Al día siguiente regresó con su veredicto:

—La mejor es la que no tiene letra, la canción de guitarra clásica. ¡Quiero más de esas!

Se refería a una canción interpretada por Julia Bream, de un CD que tiempo atrás mi papá me había regalado con una recopilación de canciones de guitarra clásica española tocadas por él. Lo escuchaba religiosamente.

—También es mi favorita —dije riendo. Desafortunadamente, nunca pude hacerle otro CD porque la unidad de CD de mi laptop se dañó después de grabar CDs para todos. Sin embargo, tocaba la hermosa música de Julian Bream durante nuestras clases y podía ver a Elías saboreando cada nota mientras completaba sus ejercicios.

Una tarde, cuando Elías y yo estábamos a punto de salir del laboratorio, un hombre entró queriendo donar sangre para un familiar enfermo. Era muy delgado y tenía los ojos más tristes que había visto en mi vida. Me sentí mal por él. En el pasado había sido donante de sangre y trajo consigo un folleto medio destruido que decía que su última donación se realizó en 2003.

Seguimos el procedimiento habitual para donadores de sangre: tomamos una muestra de sangre y le hicimos una prueba de VIH, hepatitis B, sífilis y malaria. Elías y yo esperamos juntos al mostrador donde las cuatro pruebas rápidas reaccionaban con los químicos y la sangre del paciente para ver si eran negativos o positivos. El hombre se quedó fuera mientras esperábamos los resultados. La mayoría de las veces, cuando los resultados de las pruebas rápidas eran positivos, aparecían en los primeros minutos. Miré hacia abajo y, para mi sorpresa, las cuatro pruebas eran positivas, ¡las cuatro! Yo no lo podía creer. Este pobre hombre entró en el laboratorio sin saber que tenía malaria, y mucho menos VIH, queriendo donar sangre. Fue devastador. Miré a Elías sin poder hacer nada y él asintió con la cabeza; evidentemente se había encontrado con esta situación muchas veces. Yo ya estaba "acostumbrada" a las personas que tienen VIH y malaria, pero esta situación en particular era nueva para mí. Me quedé impactada. Elías descartó todas las pruebas en el basurero, suspiró y dijo:

—Bueno, Madame, así es la vida.

—¿Qué vas a decirle?

—Le diré que no puede donar sangre y que debería regresar mañana por la mañana si quiere saber los resultados y recibir tratamiento —dijo Elías mientras se quitaba la bata blanca.

—Elías, ese hombre se está muriendo y no tiene ni idea —dije con voz temblorosa.

—Todos estamos muriendo, Madame —y salió del laboratorio para hablar con el hombre.

Los pacientes se reservaban el derecho de saber si tenían VIH o no y la gran mayoría prefería no saberlo. Elías era un profesional: sabía cómo hablar con los pacientes, cómo hacerles saber, de manera sutil, que estaban enfermos. Poco después de ese incidente, tuvimos uno similar que hizo que mi corazón se sintiera como un soldado herido en medio del campo de batalla. Estábamos a punto de cerrar cuando un hombre bajo y delgado entró jadeando en el laboratorio.

—Mi nombre es Rogerio Rodrigues, necesito donar sangre para mi esposa enferma que se está muriendo de una grave anemia —dijo quedándose sin aliento.

Elías le pidió que se sentara y respirara profundamente.

—Cálmate hermano. ¿Alguna vez has donado sangre? —le preguntó Elías.

—Solo una vez, hace mucho tiempo. Debo salvar a mi esposa; ella es todo lo que tengo en el mundo —dijo al borde de las lágrimas.

Nos entregó su tarjeta de identificación y un papel del departamento de pacientes que decía que su esposa necesitaba sangre tipo A.

—Nuestro tipo de sangre es compatible —agregó y enterró su decrépita cara en sus manos. Rogerio Rodrigues tenía treinta y dos años, pero parecía tener sesenta. Estaba tan delgado que no veía cómo podía donar 500 ml de sangre. Me senté a su lado y puse mi mano en su espalda.

—Hermano, tenemos que realizar algunas pruebas antes de que puedas donar sangre —dijo Elías.

—Sí, sí, haz lo que tengas que hacer —dijo con su voz desmoronada.

Elías tomó una muestra de sangre y le pidió que esperara afuera mientras realizábamos las pruebas. Después de lo que había pasado con el hombre del rostro triste, estaba algo preparada para resultados similares. Rogerio parecía todo salvo sano y fuerte.

—Se ve tan enfermo, ¿cómo va a poder donar sangre para su esposa? —le pregunté a Elías.

—No lo sé. ¡Pero mira esto! Su hemoglobina está bien, en 15-16, estoy sorprendido. Veamos qué nos dicen los otros resultados.

Realizamos lo habitual: VIH, sífilis, malaria y hepatitis. Esperamos en silencio. Cinco minutos después, los resultados eran negativos. Diez minutos después, los resultados todavía eran negativos.

—Tenemos que esperar quince minutos por lo menos —dijo Elías.

Quince minutos después y aún todos los resultados eran negativos. Elías y yo nos miramos con incredulidad.

—Bueno, él está sano. Confirmemos su tipo de sangre entonces —dijo Elías. Sacamos las tiras y las soluciones que utilizábamos para determinar el tipo de sangre y Rogerio era tipo A, como nos había dicho. Elías lo llamó de vuelta al laboratorio.

—Está bien, hermano, intentemos esto —le dijo Elías.

Un rayo de esperanza brilló en el rostro hundido de Rogerio. Se tendió en la camilla y se subió la camisa de manga larga para exponer su brazo huesudo. Comenzó a hablar mientras Elías buscaba la vena correcta.

—Mi mujer tiene veintitrés años. He sufrido mucho en mi vida, pero desde que la conocí, mi vida cambió. Aprendí de qué se trata la felicidad y el amor. Ella es todo lo que tengo, no sé qué hacer sin ella. Ella está tan débil. No puedo comer, no puedo dormir, no puedo pensar. Tengo que salvar su vida. Ella es todo lo que tengo; su enfermedad me ha consumido por completo. —Rogerio hablaba con rapidez, casi sin detenerse y sus ojos vidriosos miraban a los míos pidiendo ayuda. Mis ojos estaban llorosos, pero para darle fortaleza y esperanza a Rogerio me abstuve de dejar escapar las lágrimas.

—Tienes que presionar esta bola amarilla —le instruyó Elías después de haber encontrado una vena. Rogerio solo necesitaba bombear sangre en la bolsa. Presionó esa bola amarilla como si su vida dependiera de ella, pero solo salió una pequeña cantidad de sangre, como una débil corriente a punto de desaparecer de la tierra. Estaba seco.

Elías probó diferentes venas y cambió de brazos, pero aun así, solo una pequeña cantidad de sangre fluyó hacia afuera. Rogerio siguió presionando la bola y diciendo:

—Debo salvar a mi esposa; ella es todo lo que tengo —las lágrimas brotaban de sus ojos vidriosos—. He estado buscando por todas partes personas que donen sangre, ¡pero no puedo encontrar a nadie!

—Rogerio, con mucho gusto donaría para tu esposa, pero mi grupo no es compatible, lo siento mucho. Seguiremos buscando. Encontraremos a alguien, ¡no pierdas la esperanza! —dije.

El amor de Rogerio por su esposa era esclarecedor. Me conmovió hasta las lágrimas ese amor. Si su esposa moría, él también moriría con ella. Su existencia dependía de su amor, y sin ella, la vida no tenía sentido. Derrotado, Rogerio se levantó y estrechó mi mano y la de Elías.

—Gracias por su amabilidad. Ahora trataré de encontrar a alguien que pueda donar sangre para mi esposa. No descansaré hasta que encuentre a alguien —dijo con resolución.

—Rogerio, encontrarás a alguien, también haremos lo posible para encontrar sangre para tu esposa. Estamos aquí para ayudarte, no lo olvides —le dije.

—Hermano, salvarás a tu esposa. Sé fuerte y nunca pierdas la esperanza —dijo Elías.

—Gracias, muchas gracias —dijo mientras salía del laboratorio.

Si la tristeza tuviera rostro, tendría la de Rogerio.

Elías y yo nos sentamos juntos durante unos largos minutos, pensando en Rogerio y su esposa, y en su amor.

—Él realmente la ama, ¿no es así? —le dije a Elías.

—Ese hombre está tan enamorado de ella que moriría por ella —respondió Elías.

—¿Alguna vez darías tu vida por alguien? —le pregunté.

—Por supuesto, Madame. Daría mi vida sin dudar por las personas que amo... ¿tú lo harías?

—Por supuesto... por las personas que amo en el mundo —le contesté.

En ese momento sentí un impulso irresistible de llorar y como una represa que abre sus compuertas, las lágrimas brotaron de mis ojos.

—¿Qué pasa, Madame? ¿Por qué lloras? —preguntó Elías, asustado.

No podía hablar. Mientras sucumbí por completo al intenso sentimiento de tristeza, Elías se dio cuenta de que no había nada que pudiera decir para calmar mi llanto. Solo puso su brazo alrededor de mis hombros y se sentó a mi lado mientras lloraba y temblaba incontrolablemente durante quince minutos. Cuando comencé a calmarme, Elías se atrevió a hablar de nuevo,

—¿Por qué lloras tanto?

—¡Oh, Elías! ¡La vida es tan injusta, tan cruel! —dije entre sollozos.

—Madame, la vida es tal como es. No te castigues por las cosas que ves aquí en el hospital. La vida es triste pero también feliz. Es cruel, pero también bella —dijo.

—Gracias Elías. Lamento que hayas sido testigo de esto, ahora me siento mejor después de llorar. Gracias por abrazarme. Contigo me siento segura; siento que todo va a estar bien —le contesté.

—No tienes que agradecerme y no tienes que pedir perdón, Madame. ¡Por favor! Sabes cuánto me preocupo por ti y siempre estoy aquí para abrazarte y escucharte cuando te sientas triste. ¡Pero no me gusta verte así! Vamos, dame una sonrisa —suplicó. Sonreí, y él me dio una palmada en la espalda.

—¡Así es la Madame que conozco! —dijo, guiñándome un ojo.

—Lávate la cara y quítate la bata. Es tarde, y tenemos que irnos a casa —dijo.

Guardamos todo, apagamos las luces, cerramos las puertas y entramos en una noche fría y ventosa. El viento rugía ferozmente y los árboles se sacudían violentamente a lo largo del camino. Elías me dio su chaqueta rompevientos.

—¿Y tú? —le pregunté.

Él rio:

—Madame, no te preocupes por mí, yo soy el doble de tu tamaño, lo necesitas más que yo.

Caminamos lado a lado, pegados el uno al otro, avanzando contra el viento inquebrantable. Llegamos a mi casa y nos sentamos en las escaleras que conducían a mi habitación durante unos minutos.

Hacía frío y las palmeras en el patio bailaban incesantemente con el viento.

—¿Te sientes mejor, Madame? —preguntó Elías—. Estoy preocupado por ti.

—Sí, me siento mejor. Gracias a ti.

—No quiero que te asustes. Nunca te pasará nada malo mientras yo esté aquí. No te preocupes, Madame. Siempre te protegeré —dijo.

—Gracias, sé que lo harás. Y siempre haré lo mejor para protegerte, también. Lo sabes, ¿verdad? —le pregunté.

—Claro —dijo, y se echó a reír.

—¿Por qué te ríes?

—Porque me imaginé tú protegiéndome contra un gran *bully*, más grande que tú, incluso más grande que yo...

Ambos nos echamos a reír.

—Ok, Elías, ve a casa. Es tarde, y hace mucho frío y viento. Tuvimos un largo día en el laboratorio hoy —le dije.

—¿Estás segura de que estás bien? Puedo quedarme más tiempo contigo si quieres.

Sonreí.

—¡Ya me hiciste reír! Y me siento mucho mejor. ¡Gracias!

—No hay necesidad de agradecerme, ¿recuerdas? Y solo llámame si empiezas a sentirte triste otra vez, ¿me lo prometes?

—Lo prometo. —Nos levantamos y nos abrazamos.

—Hasta mañana...

Elías estaba a cargo de encontrar donantes de sangre

y mantener el banco de sangre del hospital, que consistía en un pequeño refrigerador en nuestro laboratorio. Este era uno de los trabajos más difíciles en el hospital, porque la tasa de VIH era muy alta y las personas temían hacerse la prueba y descubrir la verdad. Casi nunca teníamos sangre en nuestro refrigerador, pero siempre se necesitaba sangre para los pacientes de malaria con anemia grave. Una vez doné sangre para una niña que se estaba muriendo de anemia. Elías se oponía mucho a que yo donara, pero insistí hasta el punto de que él cedió. Doné todo lo que pude antes de desmayarme. Elías me llevó en sus brazos repitiendo, una y otra vez, "nunca volverás a hacer esto".

La severa escasez de sangre me dolía hasta el corazón. Siempre necesitábamos mucho más de lo que teníamos. Elías había hecho un curso y era un experto en el tema. En nuestro laboratorio, había una pizarra con información importante publicada junto con un papel que yo había escrito a mano sobre las pruebas realizadas en el laboratorio. En el borde izquierdo, Elías había alineado con orgullo las fotos de todos los donantes de sangre que había encontrado. Le gustaba señalar a uno de ellos y contarme la historia de sus vidas.

Se rumoreaba que había un "negocio de sangre" dando vueltas y que la sangre tenía un precio alto. Escuché innumerables historias de las enfermeras en nuestro hospital que no era raro que los hospitales de Mozambique intercambiaran sangre por dinero, algo que era ilegal. Se suponía que la sangre estaba disponible en los hospitales para transfusiones sin costo alguno. Nunca vi ningún tipo de transacción ilegal en nuestro hospital y Elías estaba realmente apasionado por encontrar donantes y manejar la sangre de acuerdo con el protocolo. Trabajamos en varias campañas de donación de sangre; y, a través de ellas, logramos recolectar algunas buenas muestras.

Las campañas de donación de sangre operaban bajo una política de "cero discriminación", lo que significaba que cualquier persona que estuviera dispuesta a donar sangre, obtendría un control rápido del nivel de hemoglobina, presión arterial, peso y lo que Elías denominaba "apariencia general". Si pasaban estas pruebas, recolectaríamos la sangre. Sólo de regreso en el laboratorio podríamos detectar el VIH y otras enfermedades. Era tan descorazonador volver al laboratorio para examinar las muestras de sangre y descubrir que muchas eran inutilizables: teníamos que tirarlas. Utilizábamos incentivos para obtener donantes, como proporcionar un sándwich y jugo después de que se extraía la sangre; y si los pacientes se convertían en donantes de sangre regulares, tenían acceso prioritario al hospital. Muchos de estos pacientes que se ofrecieron como voluntarios para donar nos decían: "si mi sangre no es buena, por favor no me diga".

Una vez, fuimos a la Iglesia Universal del Reino de Dios para recolectar sangre. La doctora Claudia -la jefa y única doctora del hospital- Elías y yo nos reunimos temprano en la mañana del domingo en el laboratorio para recoger el equipo necesario para llevar a la iglesia en la ambulancia del hospital. Elías me regaló una camiseta amarilla suya que dice: "*Do o melhor de mim para salvar vidas: Dou sangue*" (Doy lo mejor de mí para salvar vidas: doy sangre). Hasta el día de hoy, llevo esa camisa amarilla conmigo a todas partes. Estábamos entusiasmados con esta oportunidad. Elías había hablado con el pastor y él había apoyado mucho nuestra causa y dijo que podríamos organizarnos el domingo por la mañana después del servicio.

Llegamos a la iglesia antes de que terminara el servicio y nos sentamos en la parte de atrás. Era la primera vez que entraba en una Iglesia Universal. La iglesia era un edificio grande, blanco y árido, con filas de bancos donde se sentaban los seguidores y un espacio de altar en la parte posterior de la iglesia donde una cruz colgaba en la pared y un pastor caminaba sin cesar de un lado a otro y hablaba en voz muy alta a través de un micrófono. La iglesia estaba abarrotada y se estaban realizando exorcismos cuando nos sentamos. En el altar, una mujer tenía los ojos cerrados. Ella movía su cabeza en círculos mientras el pastor colocaba su mano sobre su cabeza y exclamaba:

"¡SAI DEMONIO, SAI!" (¡SAL, DEMONIO, SAL!).

Todos en la iglesia repitieron estas palabras una y otra vez, como si estuvieran practicando un hechizo. El pastor repitió las palabras en el micrófono, amplificando el sonido y lanzándolo por los bancos, por las ventanas, por la puerta, resonando en nuestros oídos. Levantó los brazos en el aire y la congregación se hizo eco de sus movimientos.

Elías, la doctora Claudia y yo nos miramos con incredulidad. Fuimos los únicos dentro de la iglesia que no gritamos ni levantamos los brazos. Cinco anfitriones caminaban por el pasillo principal, hombres y mujeres jóvenes con una banda blanca alrededor de sus cuerpos. Reconocí a una de las chicas; ella era maestra en el preescolar de las monjas justo detrás de nuestra casa. Su trabajo consistía en llevar a la gente al altar o ayudar a cualquiera que necesitara ayuda durante la ceremonia. A medida que las voces se intensificaban y la mujer poseída en el altar parecía casi paralizada, el pastor le ordenó a la congregación que se detuviera. Al parecer, los demonios habían abandonado a la mujer y ella se curó. Ella fue llevada fuera del altar por dos de los anfitriones. Nos sentamos en asombro. Le susurré a Elías: "esto da miedo". Él asintió.

La música continuó a todo volumen magnificada por el micrófono. Todos los congregantes cantaron. El pastor era un hombre de unos cuarenta años, bajo y algo rechoncho. Hablaba incesantemente, incluso sobre la música, pero los sonidos eran tan fuertes que no podía distinguir una palabra de lo que estaba diciendo. Cuando la música se detuvo, era hora de que la gente diera dinero. La palabra "*aliança*" se mencionó al menos cien veces y más tarde comprendí que se refería a algunos anillos. Algunas personas subieron al altar e hicieron fila.

Cuando el pastor los llamaba, se acercaban a él y ponían algo de dinero en un recipiente. El pastor deliraba sobre la cantidad que daban. Aquellos que daban más dinero recibían un anillo, la "*aliança*" y más elogios del pastor. Miré a mi alrededor y vi a las personas que luchaban por dar todo lo que podían y sus miradas cansadas sugerían que este dinero era su salario semanal o incluso mensual. Y lo dejaban todo por el bien de la "*aliança*" y la ayuda de Dios. Cada vez que alguien dejaba caer dinero en el recipiente, el pastor le aseguraba a esa persona: "¡Estás ayudando a Jesús y Jesús te ayudará!"

"Cuando le das dinero al pastor, ¿Jesús te ayudará?" me pregunté.

El pastor elogiaba inmensamente a aquellas personas que daban 100 e incluso 200 meticales. Su voz rugía y resonaba a través de los altavoces: "¡Amén! ¡Amén! ¡Amén!" Después de que el proceso de la *aliança* terminó, el pastor anunció nuestra misión.

—Hoy damos la bienvenida a nuestros huéspedes del hospital quienes han venido aquí con una importante misión: recolectar sangre. Espero que todos ustedes hagan el deber cristiano de donar sangre. Les animo a cada uno de ustedes a donar sangre hoy para salvar las vidas de nuestros queridos hermanos y hermanas. ¡Yo seré el primero en hacerlo y daré el ejemplo cristiano!

No fue ni el primero ni el último: nunca donó sangre.

Continuó:

—Le doy la bienvenida a nuestra doctora para que venga aquí y hable con nuestra congregación sobre la importancia de donar sangre. ¡Amén!

Todos aplaudieron mientras la doctora Claudia subía al altar. Cuando el pastor mencionó por primera vez que estábamos allí para recolectar sangre, escuché suspiros asustados alrededor del público. La doctora Claudia explicó el procedimiento y sus esperanzas de que recolectáramos la mayor cantidad de sangre posible para llenar nuestro banco de sangre vacío. Su pequeña figura y su suave voz contrastaban con las del pastor. Elías me indicó que empezara a instalar nuestro equipo: camillas, jeringas, bolsas, alcohol, bolas de presión, cinta adhesiva, marcadores, tarjetas para pacientes y comida. Comenzamos a instalarnos cuando el pastor terminó el servicio y la doctora se unió a nosotros.

La masa de personas comenzó a moverse hacia la salida donde estábamos posicionados, muchos de ellos tratando de escabullirse. Algunos valientes se acercaron a nosotros, llené sus tarjetas de información y escribí sus nombres en las bolsas de sangre mientras la doctora Claudia revisaba la hemoglobina, la presión arterial y el peso. Elías estaba listo esperando por las camillas para encontrar la vena correcta. Logramos obtener ocho donantes; los otros estaban muertos de miedo y ni siquiera se acercaron a nosotros. Durante todo ese tiempo, el pastor no estaba a la vista, pero aún teníamos la esperanza de que apareciera a cumplir su declaración pública de ser el primero en cumplir su deber cristiano.

Cuando no quedaba nadie más y comenzamos a limpiar, el pastor apareció como por arte de magia y le dio unas palmaditas a Elías en la espalda.

—Tienes algunas bolsas allí. Me alegro.

—Pastor, ¿no va a donar? —le preguntó Elías.

—No, hijo, hoy no. Quizás en otro momento. —Y extendió su mano hacia la doctora Claudia y hacia mí para un apretón de manos. Yo estaba muy enojada. Había mentido no sólo a nosotros, sino a toda una congregación que creía fielmente cada palabra que decía y seguía su ejemplo.

—Gracias por permitirnos venir aquí hoy —dijo la doctora Claudia. Yo estaba demasiado molesta para agradecerle o fingir, así que resolví guardar silencio. Elías me lanzó una mirada que decía: "sé exactamente cómo te sientes".

—Bueno, eso fue toda una experiencia —dijo la doctora mientras esperábamos fuera de la iglesia para que la ambulancia nos llevara de regreso.

—Ahora tenemos que revisar la sangre en el laboratorio. Esperemos que la mayoría de ellas estén buenas —dijo Elías.

Los tres discutimos el servicio y Elías describió lo que habíamos presenciado.

—Esas personas están hipnotizadas; ése es el trabajo

de la magia. Hacen todo lo que el pastor les dice que hagan. Le dan todo su dinero y no se dan cuenta de que él es rico.

—¡Lo que más me molestó fue su falta de escrúpulos! —dije, muy decepcionada—¡Él mintió con tal nervio!

—Así es como funcionan las cosas en estos lugares. Veamos el lado positivo, al menos no nos fuimos con las manos vacías —dijo Elías, poniendo su mano en mi hombro. Los tres saltamos a la ambulancia y dejamos atrás a la Iglesia Universal del Reino de Dios en un torbellino de arena y polvo. Miré por la ventana una última vez, esperando que la gente realmente fuera salvada.

***

Durante nuestro turno en el laboratorio, Elías siempre se aseguraba de tomar un descanso para comer. A veces traía comida de su casa, a veces comprábamos pan y *bagia*, *nuggets* hechos con un tipo particular de frijol, en la pequeña cantina del hospital y, a veces, comíamos restos de la cocina del hospital. Por lo general, nos sentábamos bajo un enorme árbol de mango junto a la cocina del hospital y comíamos la comida con las manos. Esos descansos eran muy importantes para nosotros. Bajo el árbol de mango estábamos lejos de la enfermedad y la muerte y por un momento olvidábamos las condiciones devastadoras a pocos metros de distancia. Nos reíamos, bromeábamos, discutíamos, peleábamos y comíamos. Elías siempre me hacía comer más y estaba orgulloso de sí mismo cuando aumenté de peso.

—¿Recuerdas cuando llegaste, Madame? ¡Estabas tan delgada! Y ahora eres fuerte y saludable —se regocijó.

—Quieres decir que estoy gorda, ¿verdad?

—¡No gorda, fuerte! ¡Eso es bueno! —ambos nos reímos.

Un día, después de una mañana particularmente difícil, los dos estábamos agotados. Nos echamos sobre las raíces del árbol de mango y nos apoyamos contra su viejo y robusto tronco.

—Elías, ¿alguna vez ha sido insoportable para ti enfrentar tanta muerte? —lo interrogué.

—Al principio siempre es difícil. Pero te acostumbras y aprendes que la muerte es solo otra parte de la vida. Mi trabajo es encontrar la causa de la enfermedad de alguien con la esperanza de que se cure o al menos reciba tratamiento.

—Eres tan bueno en tu trabajo, tan talentoso. Estoy realmente orgullosa de ti —le dije.

Volvió la cabeza hacia mí, sorprendido por mi repentino comentario.

—Gracias. ¿Sabes lo que pienso, Madame? Creo que deberías estudiar para ser técnica de laboratorio. Aprendes muy rápido y trabajamos muy bien juntos. ¡Podrías hacerlo en un instante! —dijo persuasivamente, moviendo sus ojos desde las ramas arriba hacia mí.

—Bueno, en un momento consideré estudiar medicina, pero nunca estuve completamente convencida. Me encanta trabajar contigo y sé cuánto valor tiene tu trabajo aquí. ¡Necesitamos más gente como tú! Pero no creo que vaya a ser una técnica de laboratorio... Quiero hacer otra cosa, algo que permitirá que más personas se conviertan en técnicos de laboratorio como tú y tengan oportunidades de mejorar sus vidas. —Elías no respondió de inmediato, pero pensó en mis palabras.

—Madame, tú eres realmente algo más. Te necesitamos aquí. ¡Necesitas quedarte y ayudarnos!

—Elías, me voy en septiembre. ¡Pero sabes que volveré! —dije.

—¿Por qué te vas en septiembre?

—Mi visa expira y necesito regresar y continuar mi camino. Quiero obtener una maestría; necesito trabajar en mi proyecto desde afuera y encontrar más ayuda y más personas que nos apoyen aquí en Mozambique.

Por supuesto que volveré. Sabes que amo este lugar y los amo a todos ustedes. No quiero irme, pero sé que tengo que hacerlo. Regresaré, no te preocupes —dije reasegurándolo.

—No puedes dejarnos —suspiró él.

Permanecimos sentados en silencio y comimos nuestra comida. En la distancia, vimos a un grupo de niños descalzos corriendo y cantando alegremente. Elías rompió el silencio.

—Siempre he pensado que cometimos un error al inventar zapatos. Los humanos deben deambular por la tierra descalzos para mantenerse conectados a ella, al igual que los monos. Nuestros zapatos aíslan nuestros cuerpos de la energía de la tierra y si tuviéramos esa conexión, reduciríamos las enfermedades, porque nos mantendríamos conectados a nuestra tierra.

—Estoy de acuerdo contigo. Cuando estoy descalza y siento que mis pies tocan la tierra húmeda y rica, siento una diferencia, un vínculo especial con la tierra

—dije.

—Sí, Madame, de eso estoy hablando.

Bajo ese árbol de mango también tuvimos nuestra primera discusión real. Ocurrió después de que Elías asistía regularmente a mis clases de inglés. Estábamos comiendo una ensalada con pan cuando Elías sacó el tema.

—Hablé con la Administradora del hospital y me dijo que estaba interesada en tus clases de inglés.

—¡Oh, genial! ¿Le dijiste donde tenemos nuestras lecciones y el horario? ¡Puede unirse a nuestras clases en cualquier momento! —dije mientras masticaba lechuga.

—En realidad, a ella no le gusta la idea de unirse al grupo —dijo Elías tentativamente—, ella quiere que le des clases particulares en su casa.

—Mis clases están abiertas para todos en Macia, no

hay exclusividad y tengo muchos espacios diferentes. Cuando quiera puede venir a la Casa Misionaria y recibir sus lecciones.

—Pero ya que ella es la Administradora, ella pensó que tú...

—No me importa si ella es la Presidente de la República. Todos son bienvenidos a mis lecciones en la Casa Misionaria. No le doy trato preferencial a nadie. Es indiferente si es el mendigo en la calle que viene a clases o la Administradora de este hospital. Si ella quiere aprender, puede venir a las lecciones en la Casa Misionaria. No voy a hacer un tiempo especial para enseñarle individualmente en su casa.

—Pero...

—Pero nada, Elías. Deberías saber esto de mí a estas alturas. ¡No doy trato preferencial! —respondí con determinación.

—Entiendo. Y sé lo que quieres decir, pero incluso en

un país pobre como Mozambique, existe una jerarquía. Ella nunca asistirá a nuestras lecciones y nunca
se mezclará con nosotros —reiteró.

—Bueno, ese es su propio problema. Es una lástima
que no se mezcle con nosotros. ¡Ésa es su pérdida! —
respondí mientras me encogía de hombros. Noté que
Elías estaba estudiando mi rostro y pensando en mi
razonamiento. En cierto modo, creo que le pareció
extraño. Él también se encogió de hombros y siguió
comiendo.

—Dile que mi respuesta es que me encantaría que ella
se uniera a nuestras lecciones en la Casa Misionaria.

Con eso, la discusión terminó.

Unos días después, de la nada, Elías me comentó:

—Tenías razón sobre lo que dijiste con respecto a la
Administradora. Estoy de acuerdo contigo. Todos
somos iguales.

Sonreí. Ganamos una victoria.

Elías siempre me entendía y me apoyaba. Ambos nos admirábamos y creo que eso hizo que nuestra relación fuera tan especial. Otro día, bajo el gran árbol de mango, cuando una brisa refrescaba nuestros cuerpos sudorosos y pegajosos, dijo:

—Sé lo que quieres.

—¿Qué quieres decir? —pregunté perpleja.

—Quiero decir, lo que quieres de una relación —dijo, aclarándose la garganta.

—¿Y qué sería eso, según tú?

—Seguridad, protección. Quieres sentirte segura. Eso es lo que quieres, declaró triunfante.

—¿Cómo se te ocurrió eso? ¿Por qué crees eso? — inquirí.

—Sólo lo sé. Te conozco y sé que eso es lo que necesitas.

Elías era extremadamente atento, y no se perdía un solo detalle, una sola palabra, un solo gesto.

—No sé si eso es verdad, Elías. Creo que lo que más quiero es sentirme libre. Amo mi libertad —dije.

—Necesitas sentirte segura.

—Bueno, a todos nos gusta sentirnos seguros. Es genial sentirse seguro en presencia de alguien que amas, pero no creo que sea lo más importante que quiero o necesito —respondí.

—Confía en mí: es seguridad. Eso es lo que quieres.

Lo dijo con tal derecho y certeza que no tenía nada más que agregar. Tan misteriosamente como surgió ese comentario, fue descartado, y nunca supe por qué Elías pensó eso o lo mencionó. ¡Si él hubiera sabido entonces cuánto pensaría yo en ese comentario años más tarde!

***

El domingo que me desperté con síntomas de malaria llamé a Elías inmediatamente.

—Elías, tengo un fuerte dolor de cabeza y un sabor amargo en la boca. Creo que tengo malaria —le dije por teléfono.

—Ok, Madame, voy por ti. Vamos al laboratorio —respondió sin dudarlo.

A los veinte minutos, estaba en la casa. Me examinó y declaró: "Sí, creo que tienes malaria".

—¿Cómo puedes saberlo? —le pregunté, sorprendida.

—Confía en mí: puedo verlo —respondió guiñándome un ojo.

Me sentía agotada y la sola caminada hasta el hospital

me pareció una hazaña. El laboratorio estaba cerrado los sábados y domingos. Sólo cuando surgía una situación de emergencia, el personal del hospital se comunicaba con Elías. Era temprano el domingo por la mañana y la mayoría de la gente asistía a misa. Cuando llegamos, Elías abrió el laboratorio con su llave y me senté en una silla.

—Ok, hagamos una prueba rápida y también revisemos el microscopio.

Me pinchó el dedo y obtuvo una generosa cantidad de sangre. Pusimos una gota dentro del pequeño orificio de la prueba rápida y agregamos la solución; la otra muestra era para el microscopio. La sangre para muestras microscópicas se colocaba en un portaobjetos que luego se ponía a secar en una máquina especial que parecía una parrilla, luego se sumergía en tinta especial y se volvía a secar. Sólo entonces estaba lista para ser examinada en el microscopio. Me senté esperando el resultado de la prueba rápida, aunque ya habían pasado cinco minutos y solo una línea aparecía en la parte del resultado. Elías estaba esperando que la muestra del microscopio se secara.

—Una vez, mi pequeña hija cayó muy enferma. Presentaba síntomas de malaria, pero hicimos las pruebas de malaria y todas resultaron negativas. Sabía que tenía malaria, pero no podía encontrar el plasmodio en el microscopio. Leí y releí mis libros sobre malaria y llegué a la conclusión de que ella tenía un tipo diferente de malaria, no *falciparum*. A pesar de que más del 90% de los casos de malaria aquí son *falciparum*, existía la posibilidad de que tuviera un tipo diferente. Pasé noches enteras buscando hasta que finalmente lo encontré; era el plasmodio *ovale*, atrapé a los pequeños bastardos en el microscopio y pude salvar la vida de mi hijita —me contó Elías con orgullo.

—Eso es asombroso... ¿quieres decir que estas pruebas rápidas sólo encuentran *falciparum*?

—Sí, porque en realidad, es muy raro encontrar un tipo diferente de malaria aquí. Pero mi hija, de alguna manera, tenía *ovale*. Déjame mostrarte —me dijo mientras abría sus gavetas y sacaba un libro.

Elías siempre me explicaba todo, mostrándome dibujos e ilustraciones de sus libros. Abrió un libro en una página que explicaba los diferentes tipos de malaria junto a sus respectivas ilustraciones de cómo el plasmodio se ve en el microscopio. Hay cuatro tipos diferentes de malaria: *falciparum, vivax, ovale* y *malariae*. La forma más mortal y peligrosa es *falciparum*, que es la que prevalece en Mozambique y en toda el África subsahariana.

—¿Te das cuenta de que todos adoptan una forma diferente? —me preguntó mientras movía su dedo índice de un tipo de malaria a otro.

—Puedo ver que tienen diferentes formas, pero me imagino que debe ser muy difícil distinguirlas en el microscopio —comenté.

—A veces, puedes detectar el plasmodio de inmediato, especialmente cuando se han diseminado y ves un montón de ellos en un solo campo microscópico. Pero otras veces, se esconden, o apenas comienzan a extenderse, y es difícil atraparlos —me explicó Elías.

Se puso de pie y sumergió en tinta mi muestra de sangre seca y la volvió a colocar en la parrilla. Regresó y se sentó a mi lado. A Elías le encantaba explicarme biología. Era un maestro talentoso y cada vez que me explicaba algo, siempre lo entendía.

—¿Cuándo fue la última vez que tuviste malaria? — le pregunté.

—Hace mucho tiempo, cuando era un niño. Creo que soy inmune a ella... ¡como adulto nunca la he tenido! ¿No ves que soy un hombre fuerte? —me preguntó riendo.

—Sí, puedo ver que eres un hombre fuerte, y aun así, debes tener cuidado. La malaria no debe tomarse a la ligera. Lo sabes mejor que nadie, estoy segura — argumenté.

—Madame, no te preocupes por mí. Ahora vamos a preocuparnos por ti. Soy un hombre fuerte y soy negro. Tú eres una mujer blanca y frágil. Corres más riesgo que yo.

—No soy frágil —le espeté.

—Lo que quiero decir es que eres más vulnerable que cualquiera de nosotros. Crecimos con malaria y hemos desarrollado algún tipo de inmunidad que, obviamente, ¡tú no tienes! A eso me refiero con frágil —rio.

Me reí con él y se levantó para sacar la muestra seca de la parrilla.

—El momento de la verdad —dijo mientras se sentaba en el taburete que solía usar para usar el microscopio.

Me quedé en mi silla, observando la espalda ancha de Elías mientras él agachaba la cabeza para mirar en el microscopio. Un silencio escalofriante siguió durante los siguientes cinco minutos.

—¿Encontraste algo? —interrumpí el silencio.

—Todavía no —respondió sin moverse de su posición.

El silencio continuó durante diez minutos más que se sintieron más largos de lo normal porque estaba haciendo seguimiento de cada segundo en el reloj que teníamos en el laboratorio.

Elías buscó meticulosamente el plasmodio hasta que finalmente resolló:

—¡Ajá!

Y anunció que había encontrado algo. Recuerdo sus palabras claramente:

—¿Cómo se atreve ese mosquito bastardo a picarte, *mulungo*?

—¿Así que tengo malaria? —inquirí con impaciencia.

—Sí. ¡Ven aquí y compruébalo! —me pidió.

Me puse de pie y fui al microscopio. Se levantó de su taburete y me dio el asiento.

—Tienes que mirar con mucho cuidado... ¿ves esa pequeña marca rojiza que se parece a un frijol pequeño?

Enfoqué el microscopio y vi un montón de glóbulos de sangre, pero no pude ver el plasmodio.

—¡No lo veo, Elías!

Había visto el plasmodio varias veces antes, pero esta vez no podía verlo.

—Tienes *plasmodium falciparum*, una cruz —me informó mientras escribía en una hoja de papel el diagnóstico: pf +.

Cuando se daba el diagnóstico de malaria, se adjuntaba a cruces, que iban de una a cinco. Contrariamente a la creencia popular, el número de cruces no tenía nada que ver con la gravedad de la malaria. Como lo entendía, el número de cruces tenía que ver con la cantidad de plasmodios que se encontraban en un solo campo microscópico. Malaria con una cruz significaba que solo había un plasmodio en un solo campo microscópico. Malaria con cinco cruces significaba que había más de cien plasmodios en un solo campo microscópico. Se decía que la malaria de una cruz era la más peligrosa porque era la más resistente y con frecuencia tenía recaídas.

—No te preocupes, Madame. Obtendremos tu medicamento de inmediato ¡y te curarás! —declaró Elías con optimismo.

—Gracias por venir aquí un domingo conmigo, Elías. No quería esperar hasta mañana.

—Madame, ya te he dicho un millón de veces. Mientras esté aquí, nunca te pasará nada malo... ¡Y si hay algo que pueda hacer para ayudarte, lo haré!

—Gracias —le dije acercándome y dándole un abrazo.

Salimos del laboratorio y fuimos a la farmacia del hospital para obtener el medicamento para la malaria llamado Coartem, una combinación de dos drogas: artemether y lumefantrine. El tratamiento duró tres días y consistió de seis dosis. Por suerte, tuve la malaria más leve que uno podría esperar. Durante esos tres días me quedé en casa y me recuperé rápidamente.

Me di cuenta de que Elías me escrutaba de la misma manera que escrutaba una muestra de malaria. Años de práctica y experiencia en el laboratorio lo habían convertido en un maestro de la observación. Me colocaba bajo el microscopio y a través del meticuloso lente de la observación, del escuchar y del diálogo, buscaba profundamente dentro de mi alma y descubrió mis debilidades, inseguridades y temores, pero también mis fortalezas, sueños y felicidad. Por eso me conocía tan bien y por eso nuestra amistad tenía aquella profundidad. Nos entendíamos y aceptábamos por completo. Las palabras a menudo eran superfluas para nosotros; podíamos mirarnos a los ojos y saber exactamente lo que pensaba el otro.

Aristóteles tenía razón: "un amigo es una sola alma que habita en dos cuerpos."

***

Un par de semanas antes de mi partida, mi grupo de estudiantes mayores anunció que tenían una sorpresa para mí. Era un viernes por la noche y me dieron instrucciones para esperar dentro de nuestro salón de clases. No tenía idea de lo que estaban planeando, pero una cosa era segura: Elías estaba liderando el evento.

En la noche señalada esperé dentro de nuestra clase para que mis estudiantes llegaran. Por alguna razón, los imaginé a todos viniendo al aula cantando y bailando o algo por el estilo. Pero la noche afuera estaba tranquila y no se oían voces. Esperé durante diez minutos, luego veinte minutos, y luego decidí llamar a Elías.

Oí ruidos y muchas voces de fondo.

—*Teacher*, espera. Alguien viene a buscarte —dijo apresuradamente y colgó.

Cinco minutos después, mi estudiante de más edad, el señor Macie, asomó la cabeza dentro del aula vacía y dijo con una sonrisa:

—Vamos, *Teacher.*

Me levanté y lo seguí:

—¿A dónde vamos?

—¡Es una sorpresa!

Caminamos bajo el cielo estrellado, bajo el lienzo negro del silencio, interrumpidos sólo por unos pocos bares y casas donde las luces centelleaban y la alegre música de Mozambique tocaba en los equipos de sonido. Tomamos el camino que llevaba a Bilene y caminamos cuesta arriba y luego cuesta abajo. Giramos a la derecha en un vecindario y seguimos los sonidos de voces felices en la distancia. Llegamos a una casa donde vi a mis alumnos ocupados preparando enormes ollas de arroz y pollo.

—¡Buenas noches, *Teacher*! Sólo espera allí. ¡Esto no es todo! —dijo Doles.

Estaban todos trabajando juntos para terminar la fiesta. Elías salió de la casa.

—¡Bienvenida a mi casa! —sonrió él.

La casa de Elías era azul. En la entrada había un amplio porche donde todos los estudiantes estaban ocupados moviendo ollas y tocando las guitarras. Entré en la casa y vi una cocina en la parte de atrás y una espaciosa sala de estar en la entrada. María, la cuñada tímida y callada de Elías, salió llena de alegría y me abrazó.

—Bienvenida, Mana Irene —exclamó.

—¿Dónde están tu esposa y tu niña? —le pregunté a Elías.

—Mi esposa está en la escuela y mi niña está durmiendo —dijo secándose el sudor de la frente.

La esposa de Elías tenía poco más de veinte años, pero no había terminado la escuela secundaria. Elías la inscribió en clases nocturnas para que pudiera terminar sus estudios y conseguir un trabajo en el futuro. Cuando me lo contó por primera vez, lo felicité por hacerlo, por reconocer la importancia de la educación también para las mujeres, en esta sociedad patriarcal. Me miró desconcertado y respondió:

—¡Pero por supuesto que es importante para todos! Le dije a mi esposa cuando nos casamos: ¡tienes que terminar tus estudios! La educación lo es todo, Madame.

—Esta es una casa muy bonita, Elías. ¡Me gusta! —declaré.

—Sí, el hospital la proporcionó. Es cómoda y tiene el tamaño adecuado para nosotros —dijo sonriendo. Tocaba la música en el estéreo y todos mis alumnos parecían extasiados.

—¡Todo está listo! —gritó Lizete mientras cerraba

una de las ollas y hacía un gesto para que todos se prepararan.

—¿Vamos a otro lugar? —pregunté.

—Sí, *Teacher,* ¡síguenos!

En una procesión, seguí a mis alumnos fuera de la casa, de vuelta a la carretera principal. Cada uno de ellos llevaba algo: ollas gigantes, platos, tazas, cubiertos, botellas, sillas, mesas, una guitarra y tobos. Llenamos la noche tranquila con risas y cháchara, y en la oscuridad podía distinguir los perfiles de mis estudiantes cargando objetos sobre sus cabezas.

Llegamos a nuestro destino, un bar en la carretera a Bilene. Consistía en un espacio cuadrado, con cerca roja en la entrada y a uno de los lados, y una barra en la parte posterior. Era un espacio pequeño, pero fresco y lleno de alegría. Los estudiantes colocaron diligentemente las mesas en el centro, las cubrieron con un mantel blanco y colocaron todo lo demás que habían traído consigo sobre las mesas. Me pidieron que me sentara mientras todos se reunían alrededor de la mesa de pie y comenzaron a cantar en shangana, aplaudiendo sus manos y chasqueando los dedos. Cuando terminaron la canción, todos se pararon al otro lado de la mesa, frente a mí.

Elías sacó un pedazo de papel y habló.

—Estimada *Teacher,* escribimos estas palabras para ti en inglés y en portugués. Esperamos que la traducción al inglés sea correcta. Todos rieron.

Leyó la carta en inglés primero,

Mensaje de los estudiantes a nuestra amiga y maestra Irene,

Por el hecho de que ella se despide, después de un largo tiempo de estar y vivir bien con los demás. Sus estudiantes se sienten bien al estar contigo por la manera sabia que la maestra Irene nos ha brindad o durante su estadía en este hermoso país, "Mozambique".

Nos dejas con anhelo y gracia, y sabemos que también llevas contigo nuestro anhelo y gracia. Le deseamos un buen viaje, que Dios la bendiga y encuentre a su familia que por mucho tiempo ha estado esperando, es por eso que enviamos un gran saludo para todos sus amigos y familiares.

Buena suerte, hasta un día.

Muchas emociones brotaban dentro de mí como una copa de champán derramada, estaba tan conmovida, al borde de lágrimas. Sentía una inmensa sensación de alegría y amor en mi corazón, un sentimiento que hacía que mi cuerpo se sintiera cálido y mi sonrisa amplia y permanente. Mis ojos brillaban con gratitud.

—Ahora leeré la versión en portugués de la carta en caso de que ciertas cosas no encuentren sentido en la traducción al inglés —dijo riéndose.

Leyó la carta en portugués y la traducción al inglés se mantuvo fiel a la original.

"Anhelo y gracia" fue la traducción que usaron para mi palabra favorita en portugués, "saudades". Saudades significa extrañar a alguien o algo, pero tiene más profundidad y sentimiento que la expresión "te extraño". Así que la palabra "anhelo" es muy apropiada. En portugués, se puede usar la palabra por sí sola; puedes decir o escribir "saudades" a alguien, y esa palabra sola evoca un sentimiento de nostalgia, anhelo, amor y gratitud. En español la palabra que más se acerca a su significado es añoranza. Saudades es lo que sientes cuando de repente te encuentras con un recuerdo olvidado de tu infancia, o un olor que te transporta a un momento específico de tu vida, o un sabor particular, y cierras los ojos y lo saboreas.

Cuando Elías terminó de leer la carta, todos aplaudieron y él me entregó ambas cartas. Luego me entregó un regalo envuelto en papel rojo con las palabras "Para Irene" escritas en él. Lo abrí y salieron dos hermosas y brillantes *capulanas*, los hermosos textiles de Mozambique, negras con un patrón que parecía gotas u hojas en un color crema. Zulmira, de pie junto a mí, las tomó y comenzó a vestirme como manda la tradición. Ella envolvió la primera alrededor de mi cintura y la segunda en mi cabeza. Los estudiantes rugieron con aplausos, risas y alegría, y después se tomaron fotos conmigo individualmente.

—¡*Teacher*, estas *capulanas* te quedan muy bien! —dijo Cris.

—¡Eres una mujer mozambiqueña! —celebró Lizete.

Después de las fotos, Elías me dio una botella de champaña y me pidió que la abriera.

—Mis queridos estudiantes, los quiero mucho, los voy a extrañar muchísimo cuando me vaya. Nunca olvidaré esta hermosa celebración. Me han dado tanta felicidad y es muy estimulante saber que han aprendido y que se han llevado algo de nuestras lecciones. Gracias por hacer este viaje gratificante, significativo e inolvidable —dije, tragando grueso después de cada oración para evitar llorar.

Aplaudieron y todos nos reunimos para un abrazo

grupal masivo, donde nos convertimos en una sola entidad, envolviéndonos con nuestros brazos, sosteniendo el mayor regalo: nuestra amistad. Éramos la personificación de uBuntu, y el tiempo parecía detenerse.

A continuación, el corcho de champán saltó, y se escucharon gritos de alegría y aplausos. Llené las copas y brindamos: a nosotros, a nuestra amistad y a nuestra reunión en el futuro. Ya era hora de comer. Estábamos hambrientos, porque devoramos las ollas de pollo, arroz y *xima* en silencio, saboreando cada bocado, lamiendo nuestros dedos con deleite. La fiesta no habría sido completa sin Elías tocando su guitarra. Había dos guitarras y algunos otros amigos se habían unido a nuestra celebración. Crimildo, otro de mis alumnos, también tocaba, y nos embarcamos en un frenesí de canto, elevando nuestras voces a las melodías y canciones existentes, e inventando nuestras propias letras.

Esa noche cantamos, bailamos y celebramos que estábamos vivos. Bailamos, y bailamos, y bailamos, durante toda la noche. Olvidamos el tiempo, olvidamos el lugar, olvidamos que hubo un ayer y un mañana. Bailamos como si estuviéramos siguiendo el credo de Pina Bausch, "Baila, baila, de lo contrario estamos perdidos", como si toda nuestra vida dependiera de esa música y del movimiento de nuestros cuerpos. Nos dejamos ir.

Uno por uno, los estudiantes empezaron a irse. Los sobrevivientes éramos Crimildo, Elías y yo; fuimos los últimos en salir del bar. Recogimos todo lo que nos habíamos llevado de la casa de Elías. Caminamos por la calle vacía, en la noche oscura; solo la luz de la luna y las estrellas de arriba nos guiaban, y solo el sonido de las palmeras oscilantes podía escucharse aparte de nuestros susurros. Elías llevaba una enorme olla en su cabeza llena de ollas más pequeñas, platos, cucharas y tazas, mi bolsa alrededor de su cuerpo y la guitarra en su mano.

Tan silenciosamente como pudimos, dejamos todo en el porche de su casa y Crimildo nos despidió.

—Te acompañaré a casa —me dijo Elías.

Macia estaba dormida, y disfrutamos de la quietud y la tranquilidad de nuestro entorno. Nos detuvimos en nuestro camino y nos sentamos unos minutos para hablar.

—¿Te gustaron las capulanas? —Elías me preguntó.

—¡Por supuesto! ¡Me encantan! —contesté.

—Las elegí para ti... pensé que realmente se ajustaban a tu piel —se rio.

—Supuse que las habías elegido. Sé que estabas a cargo de planear todo. No sé cómo agradecerte, Elías, ¡has hecho tanto por mí! —le dije.

—Has hecho mucho por mí, Madame, por todos nosotros. Este es solo un pequeño gesto para mostrar nuestro aprecio por todo lo que has hecho. Ojalá hubiera más que pudiera darte —suspiró.

Luego sonrió y continuó:

—Me has cambiado. Desde que te conocí, me he convertido en una mejor persona, solo quiero que lo sepas.

Lo abracé con fuerza y le dije:

—Elías, no podrías darme nada mejor que lo que me acabas de decir. Eso significa todo para mí. ¡El mayor regalo es tu amistad, y por eso te agradezco desde el fondo de mi corazón!

—¡No, gracias a ti! ¡*Khanimambo*! —dijo en voz alta. Los dos nos reímos y reanudamos nuestro camino a mi casa.

***

Elías tenía su guitarra atada alrededor de su cuerpo cuando, como muchos de mis amigos y estudiantes, vino la tarde del 21 de septiembre a la Casa Misionaria para despedirme. Había mucha gente alrededor, y él parecía un poco incómodo. Estábamos parados debajo del tendedero y dijo, medio susurrando,

—Hay un gran agujero en mi corazón.

—¿Por qué? —le pregunté.

—Porque te vas. Ojalá pudieras quedarte —y vi que se tragó las lágrimas. No pude evitar llorar.

—Volveré, Elías, lo prometo. Verás. Volveremos a estar juntos y siempre nos mantendremos en contacto —dije.

—Madame, te extrañaré. —Nos tomamos de las manos; y, como solía hacerlo, presionó la mía muy fuerte, como si tratara de transmitir esa tristeza que sentía por mi partida y ese hermoso amor que habíamos cultivado con nuestra amistad. Lo abracé con fuerza y él se fue. Esa fue la última vez que lo vi.

***

Elías sigue vivo en mi memoria. En mi corazón siempre existirá. Porque él fue uno de esos seres humanos que deambulan por este planeta y dejan una marca indeleble. Nuestra amistad es una prueba de ello; su legado continúa viviendo a través de mí y de los miles que tocó. Le escribí la siguiente carta mientras vivía en China en 2011. Mis amigos me alentaron a que le enviara un mensaje escribiendo una carta y quemándola, de esa forma llegaría a él. Lo hice y guardé una copia de la carta como recordatorio de ese momento especial y como homenaje a su vida:

A mi querido amigo, Elías,

Elías, me enseñaste a improvisar canciones mientras tocabas tu guitarra. Eras un músico tan talentoso. Juntos, creamos las melodías más divertidas y dulces. Amabas mi voz y siempre me animabas a cantar.

Elías, me enseñaste a diagnosticar la tuberculosis encontrando el bacilo de Koch en el microscopio. Me enseñaste a diagnosticar la malaria buscando el plasmodium falciparum en el microscopio, y diagnos-

ticaste con éxito mi malaria cuando me sentí débil. Gracias a ti, a tus agudas habilidades de diagnóstico, hoy estoy viva y sana.

Elías, traías felicidad a mis días. Te gustaba desafiar ideas y a menudo nos embarcábamos en debates y discusiones sobre la vida, la amistad, la religión y la política.

Elías, una vez me dijiste que deberíamos caminar descalzos, como monos, porque nuestros zapatos aislaban la energía de la tierra de nuestros cuerpos, y ese contacto era tan poderoso que incluso podría curar enfermedades. Quizás si lo hubieras hecho, todavía estarías vivo hoy.

Elías, estás en todas partes en mi diario, en mis recuerdos, en mis imágenes, en mi corazón.

Elías, tu naturaleza curiosa e inteligente te trajo a mis clases de inglés, donde siempre sobresaliste.

Elías, compartimos nuestras preocupaciones, nues-

tros miedos, nuestros sueños. Eras genial, tenías mucho potencial. Eras brillante.

Elías, te encantaba jugar al ajedrez, y aunque siempre dijimos que teníamos que jugar, solo una vez intentamos un juego, que se interrumpió bruscamente. Tu vida también fue un juego de ajedrez sin terminar. Tenías tantos movimientos que hacer, un partido importante para ganar. Estaba segura de que al final, ganarías. Tuve fe en ti.

Elías, te gustaba ver películas de terror y una vez compramos una y la vimos en mi computadora portátil debajo de la choza que teníamos como salón. Nos reímos y bromeamos al respecto.

Elías, eras el mejor en tu trabajo y, lo más importante, amabas lo que hacías. Salvaste millones de vidas. Todos te conocían.

Elías, me decías que trababa demasiado. Decías que durante el día, debería haber un momento para "reflexionar", esa es la palabra que usaste. Decías: "De-

*berías trabajar desde las 8 am hasta las 4 pm o 5 pm,
y luego necesitas tiempo para reflexionar y luego
dormir".*

*Elías, te dije una vez que no podías ser egoísta, por-
que querías pasar todos los fines de semana juntos, y
dije que era importante compartir nuestro tiempo con
todos.*

*Elías, te enseñé sobre nutrición y formas saludables
de mejorar tu dieta. También te enseñé a beber té sin
azúcar, ¡una tarea impensable en Mozambique!*

*Elías, juntos trabajamos en varias campañas de do-
nación de sangre. Siempre dijiste que éramos el mejor equipo, que trabajábamos bien juntos, que éramos
muy eficientes.*

*Elías, me dijiste que debería estudiar para ser un téc-
nico de laboratorio como tú. Me dijiste "eres muy ta-
lentosa".*

Elías, estuviste allí para mí en uno de mis momentos

más débiles. Viste mis lágrimas, sostuviste mi mano,
me consolaste.

Elías, me dijiste que había cambiado tu vida, que te
habías convertido en una mejor persona gracias a mí.
Estaba feliz de saber que también te enseñé algo.

Elías, siempre fuiste el líder. Organizaste una fiesta
sorpresa para mí de parte de todos los estudiantes.
Preparaste una comida deliciosa, y me regalaste
hermosas capulanas.

Elías, me diste un mosquitero azul resistente con in-
secticida, que estoy segura, me salvó muchas veces.

Elías, siempre compartiste tu comida conmigo, y nos
sentábamos debajo del gran árbol de mango en el
hospital y nos la comíamos con las manos.

Elías, nos dabas dinero a doña Anabela y a mi cuan-
do trabajábamos en Pfuka para que pudiéramos
comprar tomates, lechuga, cebolla y pan para desa-
yunar / almorzar juntos.

Elías, siempre quisiste que yo comiera más y estabas feliz de verme subir de peso.

Elías, cuando me fui, dijiste que había un gran agujero en tu corazón. Ahora, hay uno en el mío, más profundo que cualquier agujero que haya tenido.

Elías, tenías una hija y una esposa, y las amabas. Tu hija era idéntica a ti.

Elías, eras fuerte, nunca te enfermabas, y cuando dije que tenías que tener cuidado, me tranquilizaste de que no te pasaría nada.

Elías, tu muerte prematura me duele tanto. Odio la malaria, maldigo el día que nació en el mundo y maldigo al mosquito que te picó.

Elías, lo siento por las veces que discutimos y nos enojamos el uno con el otro.

Elías, siempre me protegiste. Me aseguraste que nunca me pasaría nada malo y me sentía segura contigo.

Elías, hoy es uno de los días más tristes de mi vida. Es muy difícil para mí encontrar consuelo, pero estoy tratando de encontrarlo en nuestras fotos, en nuestros recuerdos y en la alegría que el hecho de conocerte trajo a mi vida.

Elías, me diste el mejor regalo que alguien en este mundo podría esperar: la amistad.

Gracias.
Tu amiga por siempre,
Irene Greaves

En un ambiente a menudo agotador, Elías y yo cultivamos esta hermosa amistad llena de alegría y risa, esperanza y fortaleza. Nuestro intercambio de ideas y conocimientos nos llevó a un enriquecimiento mutuo, porque nuestro amor se basaba en el respeto y la confianza, y lo cultivábamos con paciencia, comunicación, empatía y cuidado. Y ese amor explica cómo dos personas de orígenes diferentes pueden amarse tan profunda y verdaderamente a pesar de sus diferencias.

Los amigos abrazan esas diferencias y se regocijan en ellas, aprenden de ellas y crecen a partir de ellas. ¿Hay un mejor ejemplo de elegir amar? Puedo afirmar que no hay mejor manera de expresar el amor como una elección que a través de la amistad; y eso explica por qué las diferencias obvias entre nosotros nunca nos dividieron, sino que mejoraron nuestra amistad. Porque aprendimos y compartimos nuestras experiencias, nos respetamos y nos aceptamos. Eso es amor.

Una sevillana que solía bailar dice: "Algo se muere en el alma cuando un amigo se va". Si piensas en el ciclo de la naturaleza: muerte, vida, muerte, vida, muerte, vida... te das cuenta de que se convierte en un ciclo de renacimiento. Entonces, incluso la muerte que sufre nuestra alma cuando un amigo deja de existir, resulta en un renacimiento, en una nueva forma de vida: un recuerdo, por así decirlo. El vacío que queda con la muerte de un amigo eventualmente se llenará con el amor que proviene de todos los recuerdos y experiencias compartidas. El amor se convierte en el renacimiento que llena el agujero en nuestra alma que la muerte de nuestro amigo fallecido ha creado.

Mientras vivía en Mozambique, asistí a más funerales de los que había asistido en mi vida entera y casi todos los días me enteraba de la muerte de alguien que de alguna manera estaba relacionado conmigo. Elías no fue mi único amigo que falleció después de que dejé Mozambique. A través de la contemplación de la muerte, encontré el amor, que me llevó a la paz.

¿Qué es Lovescaping?

Lo vemos y escuchamos a nuestro alrededor; desde canciones populares como "Todo lo que necesitas es amor", "El amor está en el aire" o "Te amaré siempre", a citas y mensajes inspiradores en las redes sociales, discursos, películas, programas de televisión y libros, urgiéndonos a que nos amemos a nosotros mismos y a los demás. Nuestra sociedad está obsesionada con el amor; desafortunadamente, yo diría que la obsesión es con una idea superficial e inexacta del amor. Y hasta que no tomemos el amor en serio y entendamos lo que realmente significa amar, nuestra sociedad no evolucionará.

El amor ha sido cooptado. No estoy segura de cuándo o cómo sucedió esto, pero nuestra sociedad ha distorsionado enormemente lo que significa amar. Vivir en una era de conectividad masiva (y, sin embargo, de desconexión masiva), desechabilidad masiva y un deseo masivo de gratificación instantánea ha contribuido enormemente a la distorsión que ha sufrido el amor. El amor es lo que une a nuestra humanidad; es lo que todos los seres humanos anhelan sentir; y su falta es la causa raíz de todas las aflicciones en nuestro mundo. Una sociedad basada en los principios del amor que practica el amor en acción no tiene espacio para la discriminación, el miedo, el odio, la agresión, el racismo, la xenofobia o cualquier otra forma de violencia y opresión. A éstas las llamo las antítesis del amor.

"Pero algunas personas matan por amor", escucho como respuesta para contrarrestar mi afirmación.

Mi respuesta es simple: eso no es amor.

Gran parte del problema que rodea a la falta de una discusión seria sobre el tema del amor se debe a que no tenemos una definición práctica del mismo, y tal vez la noción que tenemos se deriva peligrosamente de representaciones del amor -principalmente romántico en nuestra cultura popular- simplificadas, idealizadas y sentimentalizadas.

bell hooks ha abordado este problema de manera significativa y perspicaz y sus escritos han sido una fuente constante de esperanza e inspiración para mí. Ella ha planteado muchas de las preguntas y los problemas que planteo aquí durante muchos años, en particular con respecto a la suposición incorrecta de que sabremos instintivamente cómo amar. Su libro, *todo sobre el amor*, me ayudó a nombrar y comprender muchos de los pensamientos y sentimientos que antes no podía expresar y me animó a seguir adelante con Lovescaping.

¿Dónde aprendemos a amar? ¿Cómo sabemos qué es el amor? ¿Cómo es moldeada y afectada por el medio ambiente en el que crecemos nuestra capacidad de amar? El amor es una condición esencial no sólo para nuestra supervivencia, sino también para nuestra capacidad de prosperar y vivir vidas llenas, satisfactorias y saludables. Creo que hay una manera de aprender a amar. Esto es precisamente lo que Lovescaping busca lograr: crear el ambiente adecuado para que podamos practicar el amor en acción.

Practicar el amor en acción exige intencionalidad y

propósito. El amor no sucede solo, es como una semilla que necesita ser plantada y cultivada para florecer. Lovescaping consiste en una serie de valores y acciones, que denomino pilares, sin los cuales el amor no puede existir.

Me gusta pensar en los pilares de Lovescaping en tres analogías diferentes. La primera es que forman los pilares de un templo: un templo todavía puede permanecer en pie, aunque algunos de sus pilares se hayan roto o dañado, sin embargo, la estructura se vuelve inestable y propensa a daños y derrumbes. Practicar nuestros pilares es equivalente a mantener un templo fuerte y estable. Nuestra sociedad actual es un templo a punto de romperse en un millón de pedazos, y el único pilar que lo mantiene en pie es la esperanza. Una vez que se rompe la esperanza, lo que queda del templo se derrumbará. Nunca podemos dejar que esto suceda.

La segunda analogía es que son piezas de rompecabezas. Un rompecabezas se compone de diferentes piezas que se unen para crear una forma, mostrar una imagen o revelar un mensaje. Incluso si podemos entender la forma o el tema del rompecabezas una vez que varias piezas están en su lugar, el rompecabezas aún está incompleto sin todas sus piezas. Los pilares son las piezas del rompecabezas y, a través de la práctica de cada uno de ellos, los unimos para revelar el poder completo de Lovescaping.

La tercera y última analogía es que los pilares son instrumentos en una orquesta. Una orquesta es uno de
mis ejemplos favoritos de que el todo es mayor que la
suma de sus partes. Podemos pensar en cada pilar
como un instrumento, donde cada uno debe tocarse en
el momento correcto y en el ritmo correcto para producir los sonidos elegantes y armoniosos de la sinfonía. Si pensamos en Lovescaping como una orquesta,
entonces sus quince pilares constituyen quince instrumentos y se requiere una práctica continua por parte de los músicos para afinar sus instrumentos, tocar

al mismo ritmo, coordinar sus acciones y lograr el dominio como equipo. Lovescaping crea la sinfonía más bella del mundo: si queremos escucharla, debemos aprender a tocar cada uno de sus instrumentos.

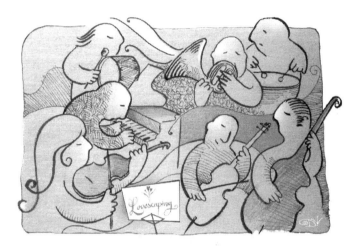

Casi todos los días, familiares y amigos comparten artículos conmigo sobre cómo la mayoría de los trabajos se volverán obsoletos en la próxima década. Estos artículos nos instan a reconsiderar nuestros estudios: "¡Si estás estudiando leyes, detente en este instante!", advertía uno que leí recientemente. La inteligencia artificial reemplazará a un alto porcentaje de empleos humanos en un futuro muy cercano, lo que nos obligará a reconsiderar cómo funcionan nuestras sociedades. De hecho, es aterrador pensar en el futuro automatizado: ¿qué harán los seres humanos si no hay necesidad de que trabajen? No intentaré abordar las habilidades específicas que la fuerza laboral necesitará o no en el futuro, pero sí enfatizaré la absoluta urgencia del amor.

No importa cómo se vea esa sociedad en el futuro, una necesidad sigue siendo una prioridad: la necesidad de aprender a amar. Los robots y las máquinas pueden asumir nuestras tareas diarias, pero ningún problema es más importante, más urgente y más oportuno que aprender a amar. Debemos estar equipados con el mayor poder de todos, el poder que no tiene rival: el poder del amor. Sueño con un mundo en el que los seres humanos, de manera colectiva e intencional, practiquen Lovescaping. Esta es mi esperanza, y lucharé por ella con todas mis fuerzas, mientras permanezca en esta Tierra.

Lovescaping presenta un nuevo paradigma, un nuevo punto de vista tan imperativo para producir el cambio que necesitamos en el mundo. Permítanme darles una definición simple antes de detallar cada uno de los pilares:

Lovescaping es practicar el amor en acción a través del compromiso activo e intencional de sus quince pilares.

Este trabajo comienza con nosotros mismos. Mi esperanza es que al reconocer la enormidad de la brecha que existe entre la teoría y la práctica, las palabras vacías y las acciones, comencemos a actuar de manera congruente y empecemos a amarnos a nosotros mismos y a los demás. Este es el trabajo de mi vida, basado en mis experiencias como ser humano y en mi papel de educadora, enseñando en diferentes contextos con una metodología y una pedagogía que siempre ha sido informada por y con amor.

Algunas de las complejidades que rodean el tema del amor incluyen lo que se percibe como su naturaleza abstracta e intangible, aunque todos tenemos una idea de lo que significa el amor y cómo debería ser.

Lovescaping está constituido por quince pilares esenciales, sin los cuales el amor no puede existir:

Respeto	Confianza	Vulnerabilidad
Cuidado	Paciencia	Solidaridad
Honestidad	Compasión	Esperanza
Comunicación	Liberación	Gratitud
Empatía	Humildad	Perdón

El amor no es un concepto simplista. Todos estos pilares son necesarios para su realización y actualización. El amor no puede existir sin que cada pilar sea practicado. Por eso el amor no es fácil: se desarrolla en un espacio donde cultivamos todos estos pilares. No hay jerarquía para estas prácticas; se alimentan y se construyen unas sobre otras, no pueden existir solas. Me gusta mostrar los pilares visualmente en forma de círculo. La vida es un ciclo, y expresar amor en términos de un círculo lo muestra como algo continuo. Es un trabajo en progreso, un viaje que se renueva constantemente. En este sentido, el amor actúa como un símbolo de poder infinito e ilimitado:

En el discurso del amor necesitamos una concepción de comunidad -para el bien mayor- y uBuntu. Un individuo no vive ni puede vivir alejado de los demás. El énfasis excesivo en el individualismo es una de las fallas más grandes en nuestros sistemas políticos y sociales actuales y la causa de muchos de los problemas mundiales de hoy. Si adaptáramos un estilo de vida Lovescaping, en el cual mi bienestar depende de tu bienestar y del bienestar de todos los que nos rodean, nuestro mundo sería un lugar muy diferente.

Con un sistema construido sobre los pilares de Lovescaping, tendremos el potencial de cambiar el mundo.

Intencionalidad y Propósito

Me gustaría enfatizar la importancia de la intencionalidad y el propósito en la práctica de Lovescaping. Ser
intencional significa tomar una decisión consciente de
practicar los pilares de Lovescaping, estar plenamente
conscientes de que estamos haciendo una elección al
practicar el amor. Si tenemos una planta en casa, debemos ser intencionales en cuanto a su cuidado, re-
gándola, asegurándonos de que reciba suficiente luz
solar, nutrientes, etc. No esperamos que sobreviva si
no hacemos un esfuerzo intencional para cuidarla. Lo
mismo se aplica al amor: no podemos simplemente
asumir que el amor sobrevivirá sin que tomemos un

papel activo e intencional en su práctica.

Tener propósito significa actuar hacia nuestro objetivo de convertirnos en Lovescapers. El propósito de Lovescaping es que cada ser humano practique el amor en acción, y nunca debemos olvidar este objetivo. Debemos esforzarnos continuamente por lograrlo, y nunca perderlo de vista, incluso en los momentos más duros y oscuros de nuestras vidas. Debemos envolver este propósito alrededor del pilar de la esperanza, ya que eso nos dará la fuerza que necesitamos para superar los momentos más difíciles.

Autoconsciencia

La autoconsciencia es un término que se ha hecho muy popular en los últimos años. El problema cuando ciertas palabras o términos se convierten en "palabras de moda" es que pierden su valor real porque las sobre-usamos sin practicarlas. Esto sucede con muchas palabras, y le ha sucedido al amor. Practicar Lovescaping de forma intencional y con propósito nos obliga a ser, o convertirnos autoconscientes, no solo a usar el término. Ser autoconsciente significa mirarnos a nosotros mismos con un lente crítico e introspectivo para evaluar nuestros propios pensamientos, comportamientos y acciones. Significa ser capaz de auto-reflexionar y auto-evaluarnos en cualquier situación dada. Como lo implica la palabra, significa ser conscientes de nosotros mismos y de todo lo que eso implica: quiénes somos, de dónde venimos y por qué pensamos y actuamos de la manera que lo hacemos. A medida que exploremos los pilares de Lovescaping, nos daremos cuenta de que la práctica de cada pilar nos ayudará a convertirnos en seres autoconscientes.

La autoconsciencia también nos permite llenar el vacío que existe entre la teoría y la práctica. La mayoría de la gente sabe lo que significan todos los pilares de Lovescaping, pero ¿reflejan lo mismo sus acciones? Es fácil decir "sé lo que es el respeto", pero ¿estás siendo realmente respetuoso? ¿En realidad estás siendo empático? A través de la intencionalidad y la autoconsciencia, nos daremos cuenta de que es mucho más fácil hablar que actuar.

Lovescaping no tiene que ver sólo con definir estos pilares, se trata de hacer que las acciones involucradas en cada uno sean una práctica consciente y regular. Sólo entonces, el amor puede existir verdaderamente.

El Camino Amarillo

Si te diera las siguientes opciones, ¿cuál elegirías?

Hay dos caminos para llegar a tu destino. El camino azul es fácil y te llevará más rápido, pero tu viaje será solitario. Experimentarás placeres fugaces, emociones fugaces, pero ninguna conexión real con nadie. No habrá crecimiento, ni lecciones aprendidas, ni alegría ni tristeza, nada, solo un camino vacío contigo en él. El camino amarillo es duro, con muchos obstáculos en el camino. Durante el viaje te tropezarás, caerás, gatearás, caminarás, correrás, aprenderás, crecerás, sufrirás y experimentarás alegría. Conocerás a mucha gente en el camino y aprenderás a conectarte con cada una de ellas. Te volverás sabio. Llegarás a tu destino más tarde, pero habrás logrado la tarea más difícil de todas: habrás aprendido a amar.

Sí, esta es una pregunta retórica, pero es importante reconocer que a menudo elegimos tomar el camino azul porque es más fácil. No pretendo juzgar a las personas que eligen tomar el camino azul; en ciertos momentos de mi vida también lo he elegido porque ha ofrecido cierta protección, un escudo contra los sentimientos. El camino azul puede servir como un mecanismo de defensa para protegernos de muchas emociones, algunas de las cuales se sienten demasiado dolorosas para soportarlas. Cuando escogemos Lovescaping, decidimos tomar el camino amarillo, que es difícil, pero vale mucho más la pena. Porque cuando elegimos amar, seremos amados a cambio.

Dos puntos cruciales aquí pueden ir en contra de creencias populares o pueden parecer contradictorios, pero son fundamentales para la práctica de Lovescaping.

El primer punto es que es difícil practicar el amor, y tenemos que trabajar muy duro para lograrlo. El segundo punto es que, en el acto de amar a los demás, también comenzamos a desarrollar el amor propio. Es cierto que el amor propio es necesario para que amemos a los demás. Sin embargo, la realidad es que no desarrollamos el amor propio en un vacío, es decir, no solo agitamos una varita mágica y nos decimos a nosotros mismos "Me amo", y ¡*voilá*! eso es todo (si fuera así de fácil, ¿verdad?). Somos seres sociales y vivimos en una sociedad donde las personas que nos rodean impactan sobre cómo nos vemos y lo que creemos acerca de nosotros mismos. Gran parte de nuestra autoestima se deriva de nuestras interacciones con otras personas, el tipo de relaciones que creamos y los entornos de los que somos parte.

La cualidad excepcional del amor es que es contagioso: cuanto más amor recibimos, más amor damos y más amor propio desarrollamos. Esencialmente, el acto de amar a alguien te ayuda a desarrollar el amor propio, que a su vez te ayuda a amar a los demás, y así sucesivamente, el ciclo continúa.

Este es el tipo de ciclo virtuoso que ocurre cuando permitimos que el amor impregne nuestras vidas.

Desaprender

Muchas veces, para dominar algo, primero tenemos que desaprenderlo. Todos hemos estado expuestos al amor de una forma u otra, tal vez sea el amor que recibimos de nuestra madre, nuestro padre, nuestros abuelos, nuestros amigos, nuestros maestros, nuestros cónyuges... No pretendo decir que estas manifestaciones o formas de amor no son válidas, o que están erradas. Cada persona es diferente y, por lo tanto, expresa el amor de diferentes maneras. Sin embargo, quiero inspirarte a que adoptes Lovescaping y, al hacerlo, te desafío a que, tal vez, desaprendas algunas cosas que has aprendido con respecto al amor, prácticas que contrastan directamente con muchos de nuestros pilares. La buena noticia es que el cerebro humano tiene la capacidad de aprender y desaprender, crecer y cambiar, sin importar la edad que tengamos. Espero que, al leer estas páginas, mires profundamente dentro de ti mismo y cuestiones algunas de las formas en que has demostrado amor u otras personas te han mostrado amor. Te animo a que desaprendas cuando sea necesario para que puedas aprender a Lovescape completa y abiertamente.

Así que exploremos cada uno de los pilares de Lovescaping. Luego compartiré mi experiencia con Lovescaping en educación y algunos ejemplos inspiradores del trabajo de otros profesionales y te mostraré cómo puedes poner estos pilares en acción.

¡Comencemos Lovescaping!

Los Pilares de Lovescaping

Respeto

Respeto significa reconocer la existencia de otra persona, así como reconocemos la nuestra, tratarnos a nosotros mismos y a los demás con la dignidad que todos merecemos como seres humanos. Implica dar valor, escuchar y reconocer la voz, el punto de vista y las experiencias vividas de otra persona. Para amar, necesitamos sentir un profundo respeto y admiración por las personas y el mundo que nos rodea. Cuando fomentamos el respeto, aprendemos a escuchar diferentes puntos de vista, a tolerar y aceptar las diferencias y a valorar la diversidad basada en ese sentido mutuo de validación por quienes somos. Tener respeto por la humanidad es necesario para que el amor sea cultivado en nuestro mundo.

Practicamos el respeto reconociendo el valor inherente que cada ser humano tiene por la mera razón de existir. No importa cuán diferentes seamos, todos compartimos un vínculo común: pertenecemos a la raza humana. Por esa sola razón, cada uno de nosotros es digno del respeto. El respeto comienza con el acto de escuchar y reconocer que cada persona tiene una voz, que las experiencias de cada persona informan quiénes son y cómo ven el mundo. El respeto no se trata de estar de acuerdo o en desacuerdo con las personas, ni siquiera de que nos *gusten*. El respeto implica tratar a cada ser humano de una manera digna. Esto se puede hacer con algo tan simple como hacer contacto visual con la persona con la que nos relacionamos, no interrumpiendo mientras está hablando, manteniendo un tono de voz que no se convierta en gritos o maldiciones, teniendo en cuenta las palabras que usamos, o diciendo "por favor" y "gracias", entre otras acciones respetuosas.

Practicar el respeto también implica honrar la individualidad y la singularidad de cada ser humano. Significa no menospreciar a los demás, valorar su privacidad y su espacio, comprender que hay un momento y un lugar para todo y respetar el espacio que existe entre cada uno de nosotros. Este espacio al que me refiero es tanto literal como figurativo, ya que involucra nuestro espacio físico real (es decir, nuestros cuerpos) y el espacio metafórico (es decir, nuestra individualidad, nuestros pensamientos), los cuales deben respetarse.

El respeto se demuestra a menudo a través de nuestro lenguaje corporal. Es tan fácil comunicar de manera no verbal que "tú importas" y también que "tú no importas". ¿Alguna vez te has sentido menospreciado? Piensa en las acciones de la persona que te hizo sentir irrespetado: ¿fue su tono de voz?... ¿su lenguaje corporal?... ¿las palabras que usó? Hay muchas maneras en las que -a sabiendas o sin saberlo- faltamos el respeto a los demás. ¿Qué debes hacer si alguien te falta el respeto?

Para ésta y muchas preguntas en el mismo hilo con respecto a los otros pilares, mi respuesta es similar: respétalos a cambio. ¿Cuál es la diferencia entre tú y esa persona si no la respetas? ¿Dónde ponemos fin a los ciclos viciosos que se forman al repetir un comportamiento que es destructivo? Sé la mejor persona y predica con el ejemplo. Es más fácil decirlo que hacerlo, y por supuesto habrá momentos en los que no podremos contenernos, cuando podremos maldecir, gritar y decir cosas hirientes. Después de todo, sólo somos humanos. Pero es por eso que tenemos al perdón y la humildad como dos de nuestros otros pilares. Podemos contar con ellos cuando nos empujen más allá de los límites de nuestra capacidad de ser tan respetuosos como quisiéramos ser.

El amor se nutre con respeto.

Cuidado

Cuidar significa dedicar tiempo y atención a las cosas o personas que nos importan con amabilidad y afecto. Significa que le damos importancia al bienestar de otra persona e invertimos el tiempo necesario para fomentar una relación. Demostramos que nos preocupamos por los demás al ser consistentes, confiables y honestos. Nos presentamos, estamos allí para apoyar en los tiempos buenos y los tiempos malos, y reconocemos que el recurso más valioso que tenemos, el regalo más precioso que podemos dar para demostrar que alguien nos importa, es nuestro tiempo. Si deseas saber quién te importa más, solo mira el tiempo que pasas con cada una de esas personas; de manera similar, si deseas saber qué es lo que más te importa, mira el tiempo que dedicas a cada uno de esos esfuerzos.

Cuando nos preocupamos por el bienestar de los demás, somos buenos observadores y notamos cuando a alguien no le está yendo bien. Ofrecemos nuestra ayuda, ya sea en forma de un abrazo, un consejo o un oído atento. Cuidar de los demás nos ayuda a desarrollar nuestro sentido de altruismo y desinterés, junto con nuestra capacidad de empatizar. Al igual que con todos los pilares de Lovescaping, el cuidado también comienza con nosotros: es crucial para nosotros practicar el autocuidado para que podamos cuidar de los demás. Cómo cuidamos nuestra salud, cómo alimentamos nuestra salud mental, cómo tratamos nuestros cuerpos, qué tipo de diálogo tenemos con nosotros mismos: todo esto afecta nuestra capacidad de cuidar.

Los pequeños actos de bondad ayudan mucho a mostrar a los demás que nos preocupamos por ellos. A menudo subestimamos el efecto que un saludo, un mensaje, un cumplido o un gesto pueden tener en alguien. Con algo tan simple como decirle a nuestro vecino, "que tengas un día maravilloso", ayudar a una persona anciana a cruzar la calle, enviar un mensaje de texto a una amiga haciéndole saber que estamos pensando en ella, hacer preguntas de seguimiento cuando la gente nos dice algo que les importa, estamos diciendo: "te observo, te valoro, me preocupo por ti". A través de la amabilidad, mostramos aprecio por las personas que nos importan y fomentamos un entorno seguro y positivo donde el amor prospera.

Cuando somos bebés, nuestros padres nos cuidan porque somos incapaces de cuidarnos a nosotros mismos. Una vez que crecemos y aprendemos a cuidarnos, también empezamos a desarrollar la capacidad de cuidar a los demás. Pero si en algún punto del camino perdemos nuestro propio cuidado personal, puede ser muy difícil preocuparnos por los demás. Sin embargo, dado el ciclo virtuoso del que hablamos anteriormente, las acciones de cuidado de alguien hacia ti pueden ayudarte a recuperar tu propio cuidado personal, que a su vez te permite cuidar de los demás.

Y así continúa la cadena, y una por una, comenzamos a cambiar los comportamientos de las personas para que aprendan a cuidarse a sí mismas y a las personas que las rodean.

El amor se nutre con acciones de cuidado.

Honestidad

Honestidad significa ser sincero, abierto y transparente. La honestidad requiere altos grados de vulnerabilidad y confianza. A medida que se desarrolla la honestidad, el entorno se vuelve propicio para conversaciones sinceras y abiertas. Honestidad significa compartir nuestra verdad con los demás, expresar nuestros sentimientos, emociones, temores, sueños, dudas y experiencias. La honestidad nos permite construir relaciones auténticas basadas en nuestro verdadero ser. Ser honesto puede ser muy difícil, incluso puede doler a veces, pero es necesario para construir una relación sólida basada en la verdad y la confianza.

¿Recuerdas cuando dijiste por primera vez una mentira? Desde una edad temprana, aprendemos a decir mentiras principalmente por dos razones: para obtener lo que queremos y por temor (generalmente de ser castigados). De alguna manera, mentir puede convertirse en un mecanismo de afrontamiento o incluso de supervivencia, ya que el miedo es uno de los inhibidores más efectivos de la honestidad. Sin embargo, si adoptamos Lovescaping como una forma de vida, el miedo desaparece, ya que es una de las antítesis del amor. El miedo es una de las formas más efectivas de controlar, amenazar y manipular a las personas y gran parte de la historia de la humanidad es una historia de miedo. Necesitamos desaprender para pasar del miedo al amor y practicar la honestidad junto con aprender a ser vulnerable y confiar es el primer paso en esa dirección.

Al igual que con cada uno de los pilares, la honestidad comienza con nosotros mismos. ¿Cuántas veces te has sentido como si estuvieras usando una máscara para ocultar tu verdadero ser? ¿Cuántas veces has mentido por miedo a lo que otros pensarían? ¿Cuántas veces te has mentido a ti mismo porque es demasiado doloroso admitir la verdad? Ser honestos con nosotros mismos nos obliga a hacer alineaciones en nuestras vidas entre lo que consideramos verdadero y cómo actuamos hacia ello. Adoptar la honestidad también proporciona un sentido de liberación, alivio y empoderamiento; se siente como si te quitaran un peso de los hombros.

El amor se nutre con honestidad.

Comunicación

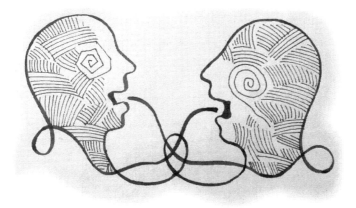

La comunicación es como un baile donde los bailarines siguen el ritmo de la música juntos, donde giran y dan vueltas, se deslizan y caminan, saltan y se sumergen, donde no se pronuncian palabras, pero sus cuerpos se mueven armoniosamente, cada uno siguiendo los movimientos del otro, comunicándose en silencio aparentemente sin esfuerzo. La comunicación, como la danza, es un arte. Para perfeccionarla, debemos practicarla diligentemente, aprender a leer el lenguaje corporal, a captar sutilezas en el tono, en la elección de las palabras utilizadas, en lo que se dice y lo que no se dice, y en los silencios.

La comunicación implica transmitir nuestros pensamientos, sentimientos y emociones a través de diferentes medios.

Nos comunicamos constantemente, intercambiamos información y nos dirigimos unos a otros de manera verbal y no verbal. A menudo escuchamos que la comunicación es la base de cualquier relación, y, de hecho, una relación no puede existir sin comunicación. Nuestra capacidad de comunicación nos permite sobrevivir, crecer y desarrollarnos. Desde el momento en que nacemos, aprendemos a expresar nuestras necesidades con nuestra primera acción comunicativa: el llanto. A medida que crecemos, comenzamos a aprender a usar palabras para expresar nuestros sentimientos y emociones, y cuanto más vocabulario obtenemos, mejor equipados estamos para transmitir nuestras ideas, resolver conflictos y pensar y aprender nuevos conceptos.

La cantidad, la frecuencia y la forma en que nos comunicamos afectan nuestra capacidad para construir una relación. El lenguaje corporal vale más que mil palabras: transmite mensajes muy claros y poderosos. Si la persona con la que estás hablando no está haciendo contacto visual contigo, se está encorvando en una silla o sosteniendo su cabeza en la mano, te envía un mensaje muy claro: "Estoy aburrido / desinteresado". Es crucial estar conscientes de qué mensajes estamos enviando con nuestro lenguaje corporal para no herir u ofender a las personas con las que nos estamos comunicando. Recuerda, si practicamos el respeto, usamos nuestro lenguaje corporal para mostrar que estamos escuchando y que estamos comprometidos, dejando que la persona con la que nos estamos comunicando sepa que la respetamos.

Las palabras son como el fuego. Son parte esencial de nuestras vidas, necesarias para nuestra supervivencia, pero también son despiadadas, destructivas e implacables si las dejamos desatendidas. La elección de las palabras que usamos para expresar lo que pensamos y cómo nos sentimos tiene un peso enorme y enormes consecuencias. Las palabras tienen la capacidad de levantar, sanar y potenciar, y al mismo tiempo la capacidad de herir, degradar y desempoderar. A veces, involuntariamente usamos palabras que causan mucho dolor y no tenemos idea de cuánto pueden afectar la vida de otra persona para siempre. Podríamos tener las mejores intenciones en el corazón, pero no nos damos cuenta de que las palabras que estamos usando tienen el efecto opuesto de nuestro propósito previsto.

Se necesita mucha autoconsciencia y empatía para darse cuenta del efecto que tienen nuestras palabras en otra persona. Pregúntate: "¿cómo me sentiría si alguien me dijera eso?" y "¿cómo podría impactar negativamente a la otra persona lo que estoy a punto de decir?" Al tomar un momento para reflexionar sobre el poder que tienen nuestras palabras, podríamos evitar herir involuntariamente los sentimientos de alguien. Sin embargo, si el daño ya está hecho, todavía tenemos la capacidad de curar esas heridas, a través de nuestras acciones de cuidado, nuestra elección de palabras en el futuro y, si es necesario, uno de nuestros otros pilares: el perdón.

El diálogo es uno de los elementos más importantes de la comunicación. Diálogo significa participar en una acción comunicativa recíproca que lleva a un intercambio de ideas, escuchar, entender, discutir, reflexionar, participar y, en última instancia, crear nuevas formas de conocimiento, nuevas formas de ver el mundo, encontrar soluciones a los problemas y crear visiones significativas. Cuando entablamos un diálogo, estamos validando y respetando el punto de vista de otra persona, incluso si no estamos de acuerdo con ella. De hecho, participar a través del diálogo nos ayuda a construir empatía porque podemos escuchar, conocer y, eventualmente, entender a otra persona.

El silencio es también una forma de comunicación. Lo que elegimos decir importa tanto como lo que elegimos no decir. El silencio, como las palabras, tiene el poder de lastimar y el poder de curar. A veces, permanecer en silencio puede ser lo mejor y más sabio que se puede hacer en una situación dada. Mientras escuchamos a alguien, debemos permanecer en silencio e intentar no interrumpir a menos que sea absolutamente necesario. Mantener el silencio después de que se hayan pronunciado palabras a menudo puede ser la respuesta más apropiada en situaciones donde realmente no hay mucho que decir, donde una persona solo necesita expresarse, pero no está buscando una opinión. En estas situaciones, nuestra mera presencia y nuestro silencio comunican infinitamente más que cualquier palabra. A medida que envejecemos, comenzamos a identificar estas situaciones y a expresar la sabiduría que viene con el silencio. Practicar la empatía es otra forma efectiva de mantener el silencio.

Por otro lado, el silencio también puede causar dolor. Elegir permanecer en silencio en una situación que nos exige hablar nos hace cómplices. ¿Qué tipo de situaciones nos obligan a elevar nuestras voces? Cada vez que nos encontramos ante cualquier forma de violencia y opresión, las antítesis del amor, debemos alzar nuestras voces y denunciar cualquier injusticia que estemos presenciando. Se requiere mucho valor para hablar en contra de la opresión, pero una vez que aprendemos a practicar la honestidad, la compasión y la solidaridad, y comprendemos la importancia de la liberación, nos damos cuenta de que no hay espacio para el silencio en presencia del abuso y la violencia.

La falta de comunicación es a menudo la causa número uno de conflicto en cualquier tipo de relación. Es irónico que vivimos en una era de comunicación masiva, y, sin embargo, todavía no nos comunicamos de manera clara y efectiva. Uno de los mayores inhibidores de la comunicación son nuestras suposiciones. Suponemos que las personas sabrán cómo nos sentimos, qué pensamos o qué queremos, porque esperamos que lo hagan o porque creemos que ya lo saben.

Nuestra falta de comunicación directa, coherente y sin reservas lleva a que las personas hagan suposiciones todo el tiempo. Esto se convierte en un círculo vicioso en el que tenemos miedo de preguntar o decir algo, lo que finalmente resulta en conflicto porque hay una desalineación entre la necesidad percibida y la necesidad real en una situación dada. Una vez que suspendemos todas las suposiciones, nos damos cuenta de que, para satisfacer nuestras necesidades, no hay otra opción que comunicarnos de manera clara, abierta, honesta y específica.

El amor sucede a través de la comunicación; nuestras acciones amorosas son, de hecho, una forma de comunicación. Incluso podríamos argumentar que cada uno de los pilares de Lovescaping es una forma de comunicación que involucra palabras y acciones. El mejor tipo de comunicación es aquel en el que nuestras acciones son congruentes con lo que dicen nuestras palabras.

El amor se nutre con la comunicación.

Empatía

Empatía significa poder ponernos en el lugar de otros para entenderlos. Esto significa tener la capacidad de ver y sentir el mundo como si fuéramos la otra persona. La definición de empatía del psicólogo Carl Rogers es "una forma de percibir el marco de referencia interno de otra persona con precisión y con los componentes emocionales y los significados correspondientes, como si uno fuera la otra persona, pero sin perder nunca la condición 'como si'". Me gusta esta definición porque enfatiza el componente 'como si', que es crucial para entender cómo funciona la empatía.

Sería imposible sentir exactamente lo que otra persona está sintiendo, incluso si se encuentra en una situación que ya hemos experimentado porque todos reaccionamos y sentimos de manera diferente.

Sin embargo, la belleza de la empatía es que nos permite cultivar la toma de perspectiva, practicarla y usar el lente de la otra persona para acercarnos lo más posible a sentir lo que ella siente. Ésta es una de las expresiones de amor más importantes y poderosas porque conduce a la comprensión sincera de los sentimientos de una persona. El estudio de la empatía en el contexto educativo ha existido por un tiempo y recientemente se ha vuelto más popular a medida que nuestra sociedad se despierta para comprender la importancia de enseñarla.

Los avances en neurociencia también han iluminado la naturaleza de la empatía en nuestros cerebros. El trabajo innovador del psicólogo clínico inglés Dr. Simon Baron-Cohen muestra claramente que hay un lugar específico para la empatía en nuestros cerebros que se puede observar y medir cuando se activa, lo que él llama "el circuito de la empatía". El comportamiento antisocial y psicopático se puede entender al observar los cerebros que carecen de empatía. El Dr. Baron-Cohen explica que la empatía tiene dos componentes, tal como sabemos que hay dos lados del cerebro: el cognitivo, el lado izquierdo del cerebro que representa la capacidad de ponerse en el lugar de los demás; y el afectivo, el lado derecho del cerebro, que representa la capacidad de responder a lo que otra persona está sintiendo o pensando. Su investigación en las mentes de psicópatas y asesinos en serie muestra que muchos de ellos tienen empatía cognitiva. Son capaces de conectarse con sus víctimas en el nivel cognitivo. Sin embargo, claramente carecen de empatía afectiva, lo que les impide responder a los sentimientos de los demás. Y es por eso que no sienten remordimientos. La investigación del Dr. Baron-Cohen muestra que, aunque existen factores genéticos y biológicos que contribuyen a la capacidad de una persona para sentir o no la empatía, los factores ambientales son cruciales en su desarrollo. Este es un mensaje esperanzador que nos permite decir con confianza: podemos aprender a ser empáticos.

Es más fácil ser empático cuando una parte de nosotros se identifica con el otro, o al menos siente con y por el otro. Pero el punto de la empatía es abrir nuestras mentes y corazones a todas las formas diferentes de ver y entender el mundo. Elegir amar y practicar la empatía significa hacerlo incluso -y quizás más importante- con personas con las que no estamos de acuerdo. De lo contrario, ¿cómo rompemos los ciclos de fanatismo? Necesitamos abrir nuestros corazones y entender a una persona a través de su lente si queremos tener un diálogo abierto donde intentemos encontrar puntos en común y dar validez y valor a sus experiencias vividas. ¿Cómo podemos esperar que los demás nos escuchen si no estamos dispuestos a escucharlos? La empatía comienza con nosotros.

Entonces, ¿cómo podemos aprender a ser empáticos?

El Poder de las Historias

Muchas personas me han dicho que realmente no puedes entender, cambiar, o tomar la perspectiva de otra persona hasta que hayas pasado por la misma situación. No estoy de acuerdo con esta idea, precisamente por la existencia de la empatía. El punto central de la empatía es poder entrar en el mundo de otra persona, por más familiar o desconocido que sea. ¿Cómo hacemos eso? Simplemente, escuchando la historia de alguien. Todo ser humano tiene una historia. Cuando abrimos nuestros corazones para escuchar verdaderamente, experimentamos el poder transformador de la empatía. Desafortunadamente, es mucho más fácil para nosotros tomar el atajo de etiquetar a otros en función de nuestras creencias, estereotipos, suposiciones o rumores, y excluirlos. En otras palabras, es más fácil descartar a una persona que tratar de entenderla.

Recuerda, este trabajo es difícil. Pero el mero hecho de estar abierto a escuchar la historia de otra persona es la mitad de la batalla. Y al escuchar me refiero a escuchar o leer las palabras con la intención de entender, no con la intención de responder o juzgar. Una y otra vez he sido testigo de cómo la opinión de una persona sobre un problema cambió después de estar abierta a escuchar la historia de alguien. Cuando realmente escuchamos, nos adentramos en el mundo de otra persona y automáticamente tenemos que preguntarnos: "¿Qué habría hecho yo en esa situación?" Este ejercicio también es una lección de humildad si se hace correctamente. Una vez que suspendemos el juicio, nos damos cuenta de que todos somos seres humanos imperfectos haciendo lo mejor que podemos con lo que tenemos a nuestra disposición.

Como mencioné anteriormente, podemos aprender a mantener el silencio mediante la práctica de la empatía, ya que rara vez se necesitan palabras cuando estamos siendo empáticos. La clave de la empatía es escuchar, sintonizar y absorber todo lo que otra persona está diciendo, no con la intención de responder, sino con la intención de comprender.

Durante ese momento de silencio, reconocemos que estamos allí para escuchar y apoyar; y la mayoría de las veces, un abrazo, una sonrisa o un gesto de asentimiento ayudan a mostrarle a la persona que entendemos, que nos importa. A menos que lo solicite específicamente la persona que habla, no debemos tratar de dar consejos o responder con una historia de cómo nos sucedió en el pasado. Hay un momento y un lugar para intercambiar experiencias, pero mientras practicamos la empatía, es el momento de escuchar. Mantener el silencio es la mejor respuesta.

El amor se nutre de la empatía.

Confianza

La confianza es la capacidad de creer sinceramente en alguien o algo. Nos exige ser vulnerables y honestos y dejar de lado el miedo. Significa encontrar apoyo y poder contar con ese apoyo, como tener los ojos vendados y dejar que alguien te guíe. Sin mirar el camino a seguir, sabes que vas a llegar a donde necesitas ir porque confías en la persona que te está guiando. Desarrollar confianza toma tiempo, como la mayoría de los pilares de Lovescaping, no es algo que ocurra de la noche a la mañana, necesita ser cultivado y cuidado, y requiere un pacto mutuo mediante el cual nos volvemos confiables y dignos de confianza.

La confianza es la consecuencia inevitable de ser honesto, solidario, vulnerable y comunicativo. Aprendemos a confiar en las personas cuando nos muestran que son confiables: se preocupan por nosotros; son honestos y vulnerables, y son capaces de demostrarlo. La confianza se gana con el tiempo, y es algo que decidimos otorgar una vez que una persona ha demostrado que es digna de ella. Sin confianza, ninguna relación puede florecer, ya que es el pilar que nos permite creer en los demás de todo corazón.

La decepción es uno de los peores sentimientos que experimentamos cuando se rompe la confianza. ¿Qué tan desolador es darse cuenta de que alguien en quien confiaste te ha engañado? La confianza es uno de los pilares más difíciles de reconstruir una vez que se rompe, porque es muy doloroso comprender la realidad de que algo que pasaste años desarrollando se destruye repentinamente. No es imposible reconstruir la confianza, pero lleva mucho tiempo y mucho trabajo. Todos cometemos errores, y nuestras acciones tienen consecuencias. Podemos recurrir a la empatía y tratar de entender por qué se rompió esa confianza y, a través del perdón, comenzar el proceso de recuperación para reconstruirla juntos.

El amor se nutre con confianza.

Paciencia

Paciencia significa tener la habilidad de permitir que pase el tiempo necesario para que situaciones y hechos se desarrollen y comiencen a tomar su curso, sin agitarse, alterarse o perder nuestro temperamento. La paciencia está muy relacionada con el tiempo y con el reconocimiento de que la mayoría de las cosas que son importantes en este mundo requieren tiempo. Se necesita tiempo para desarrollar confianza, para aprender, para comprender y, fundamentalmente, para amar. En este mundo de cambios repentinos y en rápido movimiento, a menudo hemos olvidado la importancia y el valor de ser paciente. Nuestro deseo de gratificación instantánea no ha dejado espacio para la paciencia, ni para valorar el tiempo que se necesita para hacer que las cosas complejas y significativas funcionen.

La paciencia es altamente subestimada, y en algunos casos incluso vista bajo una luz negativa y como una debilidad, una pérdida de tiempo, una habilidad inútil. En cierto modo, la paciencia no coincide con el tipo de estilo de vida que defendemos en el siglo XXI, donde más rápido siempre es mejor. Necesitamos tiempo para construir relaciones, para confiar, para comunicarnos, para aprender cómo ser empáticos: ninguna de estas habilidades surge de la noche a la mañana, y debemos ser pacientes en su práctica si queremos hacerlo bien. La paciencia es necesaria si queremos aprender a amar.

Tener paciencia nos permite reflexionar sobre nuestras experiencias, nuestras acciones y nuestras palabras. La capacidad de reflexionar y auto-reflexionar es crucial para convertirnos en personas más auto-cons-

cientes. Y poder identificar y reconocer nuestras fortalezas, debilidades y áreas de crecimiento es crucial
para ejercitar todos los pilares de Lovescaping. Cuando reflexionamos, estamos practicando la paciencia
porque estamos tomando el tiempo necesario para
pensar profunda e introspectivamente sobre nuestras
vidas. La "atención plena" (a falta de una palabra precisa que traduzca "mindfulness") es otra excelente
manera de practicar la paciencia, ya que requiere que
nos tomemos el tiempo para estar completamente pre-
sentes.

A menudo buscamos soluciones estandarizadas y mo-
delos de talla única para resolver problemas sociales
complejos. Estas soluciones carecen de paciencia, ya
que no toman en consideración el tiempo que se requiere para que un trabajo significativo y amoroso
prospere. Lo más valioso que podemos dar a cualquiera es nuestro tiempo, porque es el tiempo que invertimos en construir relaciones, confianza y amor lo
que realmente importa. Sí, se necesitan fondos para
llevar a cabo proyectos e invertir en recursos, pero
¿qué puede hacer el dinero si nadie está dispuesto a

dedicar su tiempo para colaborar y trabajar juntos?

El amor se nutre con paciencia.

Compasión

Tener compasión significa poder compartir el sufrimiento de otros y sentir *con* ellos. Significa no permanecer indiferentes ante las penas del mundo y mostrar un interés genuino por lo que otros están pasando. Ser compasivo ayuda a aliviar el sufrimiento de quienes nos rodean porque lo compartimos colectivamente; nos une en una muestra de solidaridad y demuestra que nos importa. La compasión está al centro de nuestra humanidad, ya que todo ser humano sufre, y es una experiencia tanto poderosa como humilde compartirla juntos. Cuando extendemos nuestra compasión a los demás, les hacemos saber que no están solos en su sufrimiento, que estamos allí para apoyarlos y, si es posible, tomar medidas.

Es fácil perder nuestra compasión en situaciones extremas de guerra, pobreza rampante, hambruna o violencia. Uno de los aspectos más definitorios de los seres humanos es nuestra capacidad para acostumbrarnos a cualquier situación. Es nuestro instinto de supervivencia el que nos permite acostumbrarnos a las condiciones más inhumanas, donde las atrocidades se vuelven tan comunes que casi nos volvemos inmunes a ellas. Si una sociedad entra en una crisis humanitaria en la que no se satisfacen las necesidades básicas, es cada vez más fácil perder nuestra compasión para sobrevivir.

Cuando las personas están en modo de supervivencia, hambrientas y desesperadas, es fácil perder nuestra humanidad. La deshumanización comienza con nuestra propia pérdida de compasión, y podríamos descubrir que somos capaces de hacer aquello que nunca pensamos que podríamos hacer. Nuestras necesidades básicas deben satisfacerse para que podamos practicar la compasión.

Lovescaping como práctica social impediría que se desarrollaran las crisis humanitarias, pero todavía no hemos llegado a ese punto. Mientras tanto, es importante reconocer y comprender las circunstancias y situaciones que pueden llevar a la deshumanización de un individuo. Cuando nuestro bienestar está vinculado al de los demás, nuestra compasión generalmente conduce a la acción, al cambio; la compasión puede ser el catalizador que rompe el ciclo de violencia y opresión. Nos humaniza y nos inspira a luchar por la empatía y la solidaridad, nutriendo nuestra alma e iluminando el camino hacia Lovescaping.

El amor se nutre con la compasión.

Liberación

El amor es liberador, lo que significa que libera. El amor es a la vez una expresión de libertad y un vehículo para lograrla. Cultivamos la liberación a través de nuestras acciones de amor, porque aprendemos a respetar la humanidad de cada uno y estamos constantemente comprometidos en la práctica de la liberación. El acto de amar es en sí mismo un acto de libertad, porque no tiene fronteras y no conoce la opresión. Educar como un acto de amor, con amor y por amor es una expresión de libertad, ya que libera el alma, la mente, el corazón y el cuerpo de los involucrados en su praxis.

El amor quita todas las barreras que se interponen en el camino de la libertad. Para amar de verdad, debemos romper todas las cadenas que nos atan, que nos asustan, que nos maltratan, que nos oprimen, que aniquilan la posibilidad de soñar, de tener una visión, de tener fe. El amor tiene un poder transformador porque infunde esperanza, confianza y dignidad. He sido testigo de la notable transformación que sufren las personas cuando comprenden que son amadas y de repente comienzan a sentirse dignas. De repente, el mundo entero se abre ante ellas: comienzan a soñar, creer y tener una visión para el futuro.

El pilar de la liberación es contrario a las interpretaciones populares del amor como posesivo, celoso y controlador. El amor es libre porque confía, es seguro y libera al ser amado. En la práctica del amor, respetamos la individualidad y la libertad de cada ser humano, y aprendemos dos lecciones importantes. Primero, tu liberación está ligada a la mía, porque todos estamos conectados de manera inextricable. Hasta que cada ser humano sea libre, no somos libres. Y segundo, nuestra libertad viene con la gran responsabilidad de practicarla junto con los otros pilares de Lovescaping, ya que esto asegurará que no abusemos de nuestra propia libertad y dañemos a otros.

El amor se nutre a través de la liberación.

Humildad

Ser humilde significa reconocer las limitaciones de nuestro propio conocimiento y existencia como seres humanos. Significa tener la capacidad de reconocer que no somos dueños de la Verdad y que, de hecho, no hay verdad con una "V" mayúscula. En cualquier momento dado, podemos darnos cuenta, aprender o ver que algo que considerábamos correcto o verdadero, no lo es. Sólo considera cuánto ha cambiado nuestro mundo en el último siglo. Nuestra expectativa de vida casi se ha duplicado gracias a los avances en la ciencia y la medicina. Lo damos por sentado ahora, pero hace cien años, no habíamos descubierto la penicilina, y la gente moría de infecciones bacterianas que hoy tratamos en un abrir y cerrar de ojos. Considera lo fácil que es para nosotros viajar hoy en día y movernos de un continente a otro tomando un vuelo, pero hace apenas cuatrocientos años todavía estábamos mapeando nuestro planeta. Solo considera cuánto conocimiento hemos adquirido en los últimos años y cómo nos ha ayudado a comprender aspectos de nuestra propia existencia, desde la composición de nuestro ADN, hasta las estrellas y galaxias más allá de nuestro planeta. Piensa en cuánto *aún no sabemos.*

La humildad nos permite aceptar estas evidencias, no con renuencia o decepción, sino con un corazón abierto. En otras palabras, ser humilde significa tener consciencia de nuestra propia existencia mortal y acercarnos a situaciones con una actitud que demuestra que, al final, realmente no sabemos: sólo estamos intentando descubrir, aprender y crecer.

La humildad nos permite escuchar a los demás, cuestionar nuestros propios prejuicios, pensamientos y creencias, y abre el camino para fomentar la empatía. Si no practicamos la humildad, creemos que solo hay un lente correcto para ver el mundo: el nuestro. Esto puede resultar en prejuicios, juzgamientos, intolerancia, odio y la deshumanización de ciertas personas.

Una persona humilde entiende que no está por encima o por debajo de los demás, sino que se ve a sí misma como un ser humano en el mismo plano que todos los demás, simplemente diferente. Si nos despojamos de todos los prejuicios que hemos creado para separarnos y dividirnos, si nos fijamos en nuestra esencia al descubierto, veríamos que somos más similares que diferentes. Una persona humilde reconoce que su visión del mundo está formada por sus experiencias vividas, y lo mismo ocurre con todos los demás. Una persona humilde escucha y valora a los demás, y está abierta al cambio.

La humildad comienza con el reconocimiento. Reconocer que nuestras creencias y pensamientos están moldeados por el entorno en el que nacemos. Entonces, como ejercicio, intenta lo siguiente: En lugar de decir o pensar, "mis creencias son correctas y las tuyas están equivocadas", intenta "mis creencias son diferentes de las tuyas". Fíjate que no hay un juicio de lo correcto o lo incorrecto en la segunda declaración. En lugar de decir o pensar, "lo sé", intenta "no lo sé". Intenta también imaginar lo diferente que sería tu vida si hubieras nacido en un lugar completamente diferente del que estás...detente y piensa por un momento, "¿sería el mismo?... ¿pensaría lo mismo?... ¿tendría las mismas creencias?"

Hay tantos factores que influyen en cómo pensamos y en quiénes nos convertimos, que es importante reconocer que, si hubiéramos nacido en un entorno completamente diferente, veríamos el mundo de maneras muy diferentes. Entonces, ¿por qué debemos considerar *nuestro camino*, el *camino correcto*? ¿Por qué las personas que viven al otro lado del mundo no están en lo cierto? Esto nos lleva a la humilde conclusión: *nadie es dueño de la verdad*.

Un ejercicio increíblemente humilde que a menudo realizo es pensar en la inmensidad del universo. Intenta esto: cierra los ojos y siente tu propia presencia. Piensa en dónde estás, tu entorno inmediato; luego aléjate e imagina verte desde el cielo; aléjate aún más e imagina la forma de tu ciudad, tu estado, tu país y luego imagina ver tu continente desde el espacio, como una de esas increíbles imágenes de la Tierra que toma la NASA. Procede a alejarte lo más que puedas, ve nuestro planeta entre los otros planetas, ve el sol, la luna, las estrellas. Aléjate aún más y ve nuestra galaxia... ¡Guaooo! No somos más que una pequeña partícula en este vasto e infinito universo, en las palabras de Carl Sagan, "un pálido punto azul". En un universo tan grande, somos muy minúsculos, casi insignificantes. Este ejercicio está destinado a que pongamos las cosas en perspectiva y que reconozcamos que, por mucho que nos guste pensar que somos tan importantes, realmente no lo somos.

El amor se nutre con humildad.

Vulnerabilidad

La autora de gran éxito Brené Brown, PhD, quien se ha especializado en el estudio sobre la vergüenza, define la vulnerabilidad como "incertidumbre, riesgo y exposición emocional". Desmiente el mito más grande que rodea la vulnerabilidad: que es una debilidad. La Dra. Brown sostiene que en realidad es todo lo contrario y que la mayoría de los sentimientos que experimentamos en nuestras vidas son, en esencia, un acto de vulnerabilidad. En otras palabras, la vulnerabilidad nos permite amar. La vida está llena de incertidumbre y riesgo. Para que realmente disfrutemos y aprovechemos todo lo que tiene para ofrecer, debemos sentirnos cómodos con no saber, con riesgos y con incertidumbre, y debemos exponernos emocionalmente para revelar nuestro verdadero ser al mundo y sentir por completo. Cuando aprendemos a ser vulnerables el uno con el otro, comenzamos a desarrollar confianza y aprendemos a ser humildes y abrazar la belleza de lo desconocido.

Nuestra sociedad hace un muy mal trabajo de alentar la vulnerabilidad, particularmente en los hombres. En la cultura en la que crecí, el machismo es predominante. A los hombres se les enseña desde una edad temprana a "ser machos", lo que esencialmente equivale a "nunca muestres tus emociones, y no te atrevas a llorar, ¡eso es lo que hacen las niñas!" (Y, por supuesto, no hay mayor insulto que ser llamado "niña"). Por alguna razón ser vulnerable les roba a los hombres su virilidad y los niños aprenden a poner una barrera emocional para ocultar sus sentimientos. A las mujeres también se les enseña a "ser duras como los hombres" si quieren ser tomadas en serio, y por lo tanto, hemos construido una sociedad que está privada de vulnerabilidad.

Las consecuencias son graves. Somos seres complejos que experimentamos una amplia gama de emociones y sentimientos, los cuales son todos válidos y deben abordarse y explorarse. Levantar una pared emocional niega que nuestra esencia humana florezca, porque ¿cómo podemos crecer y aprender si ignoramos lo que sentimos? ¿Recuerdas el camino azul? Es mucho más fácil ocultar nuestras emociones, desengancharnos y continuar con nuestras vidas de una manera bastante automática. Ser vulnerable es difícil y, a menudo, doloroso, porque requiere que nos expongamos a los demás y hacerlo exige una gran cantidad de valentía y confianza.

El miedo es uno de los mayores inhibidores de la vulnerabilidad, tanto el miedo a abrirse a ser vulnerable y el miedo a ser expuesto y luego herido después de haber sido vulnerable. Como dije anteriormente, el sentimiento de decepción cuando alguien en quien confías te traiciona es devastador, y la confianza es - en sí misma- un acto de vulnerabilidad. Si hemos pasado por esta experiencia desgarradora varias veces, comenzamos a desconfiar y a cerrarnos, ¡y con debida razón! Pero al adoptar Lovescaping como una forma de vida, estas experiencias devastadoras de traición y miedo no sucederían. Es necesario que todos pongamos en práctica los pilares de Lovescaping, ya que nada de esto funciona si es solo unilateral.

La práctica de la vulnerabilidad fortalece las relaciones y nos permite ser auténticamente vistos y escuchados.

El amor se nutre con la vulnerabilidad.

Solidaridad

Solidaridad significa unirnos bajo un objetivo común, extender nuestro tiempo, apoyo y cuidado a los demás. Mostrar solidaridad significa luchar *con*, en lugar de solo *por* alguien o una causa. Ser solidario significa extender nuestro corazón a los demás en un intento de crear un movimiento colectivo en el que el bienestar de todos esté vinculado a nuestro propio bienestar individual. Lovescaping es un movimiento de solidaridad enorme, donde cada ser humano está trabajando para juntos lograr nuestro objetivo común de practicar el amor en acción. Aunque a menudo pasamos por alto la importancia de la solidaridad, sería imposible sobrevivir sin ella.

Practicar la empatía y la compasión nos lleva a la solidaridad. No hay vuelta atrás una vez que nos hemos sumergido en las vidas de los demás a través de nuestra práctica de empatía, y una vez que hemos superado la indiferencia al ser compasivos: inmediatamente sentimos solidaridad. Piensa en las causas que te interesan... ¿qué te hizo preocuparte por ellas? ¿Cómo te motivaste a tomar acción? ¿Cómo ha ayudado la solidaridad a que la causa crezca?

A menudo somos testigos de un aumento en las manifestaciones de solidaridad en tiempos de crisis. Las tragedias unen a las personas, y ésta es la razón por la cual la compasión es un pilar de unión tan poderoso: nos ayuda a aliviar nuestro sufrimiento al compartirlo con otros. Cuando ocurre un desastre natural, por ejemplo, vemos a personas que se unen para ayudarse mutuamente, sin detenerse a preguntar: "¿cuál es tu asociación política?" o "¿qué religión practicas?" o "¿hablas mi idioma?"

Rara vez he visto tan bellas manifestaciones de solidaridad como en los tiempos de crisis. Es como si, durante cierto tiempo, todo lo que los seres humanos hemos creado para alejarnos y dividirnos desapareciera. De repente nos despojamos de la armadura de las creencias que hemos construido y nuestro núcleo interno se revela: en ese momento, una comprensión humilde nos invade. Compartimos la experiencia de la tragedia y nos damos cuenta de que todos somos humanos y estamos sufriendo. Eso es. Eso es todo lo que importa en ese momento y eso es suficiente para convertirnos en seres solidarios.

Muchas de las victorias que hemos ganado para la humanidad han sido gracias a la solidaridad. A través de la práctica de la solidaridad, nos unimos para apoyar una misión, y ahí radica su fuerza y poder. La solidaridad nos permite alimentar el altruismo y atar el bienestar de los demás al nuestro, una de las más nobles demostraciones de amor.

El amor se nutre con solidaridad.

Gratitud

Ser agradecido significa reconocer las acciones de otras personas con amabilidad, sentir aprecio y agradecimiento por lo que somos, por lo que hacemos, por lo que recibimos y por lo que tenemos. Va más allá de decir "gracias" a sentirlo realmente. Cuando comenzamos a reconocer todos los actos de bondad que nos rodean y a participar activamente en recordarnos de todo lo que podemos agradecer, comenzamos a cultivar el aprecio por nuestras vidas, por todas las cosas simples que a menudo damos por sentadas.

Hay una frase corta en italiano que siempre he amado, "*le piccole gioie quotidiane*". Se traduce a "las pequeñas alegrías diarias" (¡pero suena mucho mejor en italiano!). En mi opinión, estas palabras aparentemente simples tienen la clave de la felicidad. A menudo pasamos la mayor parte de nuestras vidas enfocándonos en "las cosas grandes", los hitos, los ritos de pasajes, que son importantes, por supuesto, pero pasamos por alto los detalles más pequeños y simples que constituyen la mayoría de nuestras vidas. Si de repente empezáramos a apreciar lo pequeño que damos por sentado todo el tiempo, como respirar, ver el cielo azul, sentir el calor del sol, ver las flores florecer, ser abrazados y, en su forma más obvia, estar vivos, viviríamos una vida mucho más feliz. Estamos tan acostumbrados a todo esto, que lo encontramos ordinario, cuando de hecho, si cambiamos nuestro lente, encontraríamos que son bastante extraordinarios, comenzando con el milagro de nuestra propia existencia.

Ser agradecido nutre ese sentido de extraordinario que hace que la existencia sea especial. Es casi como descubrir el mundo por primera vez y darnos cuenta de lo afortunados que somos de estar aquí. Siempre es posible encontrar algo por lo que estar agradecido, y si adoptas la costumbre de levantarte cada mañana y encontrar al menos algo por lo que estás agradecido, puedo garantizar que tu vida será infinitamente más satisfactoria. Expresar nuestra gratitud a los demás también nutre nuestras relaciones. Cuando comenzamos a mostrar aprecio por los actos que otros hacen por nosotros (desde lo pequeño a lo grande), les hacemos saber que sus acciones son significativas, que tienen un efecto en nosotros, que son importantes. Cuando les recuerdas a las personas en tu vida que estás agradecido por su existencia, validas su humanidad.

El amor se nutre con gratitud.

Perdón

Perdonar significa poder dejar de lado las emociones negativas que alguien o algo nos hizo sentir, y encontrar la paz dentro de nosotros mismos para perdonar a los demás, incluso cuando nos han causado dolor. El proceso de perdón es difícil y lleva tiempo. Pero, al final, nos beneficia, ya que aferrarse a la ira, al resentimiento y al odio solo nos causará más dolor. Como seres humanos imperfectos, todos cometemos errores y somos capaces de lastimar a otros, muchas veces sin querer. Ser capaces de perdonar a otros y pedir perdón son actos de amor y necesarios si queremos fomentar una relación.

Algunas personas ven el perdón como un signo de debilidad, como un destructor del ego o como un "pase fácil" para que otros se salgan con la suya con sus acciones hirientes. En cualquier caso, el perdón es lo contrario. Pedir perdón es un esfuerzo que requiere de humildad y valentía; muestra a la otra persona que ella nos importa y que somos lo suficientemente conscientes de nosotros mismos para reconocer que hemos cometido un error. El acto de perdonar a los demás no solo es empoderador sino también liberador, ya que nos liberamos de las emociones negativas que sus acciones nos hicieron sentir.

Hay una distinción que me gustaría hacer entre perdonar y olvidar. Perdonar nos ayuda a superar obstáculos y momentos difíciles, pero esto no significa que debamos "tolerar" cualquier forma de abuso. Hay casos en los que debemos perdonar, pero no olvidar, para poder seguir adelante y decir "suficiente" cuando sea suficiente y no caer en un círculo vicioso en el que perdonamos constantemente y alguien nos sigue lastimando. El amor propio es lo primero, y cualquier forma de abuso es inaceptable.

El perdón nos ayuda a sanar. Al igual que con cualquier herida física, las heridas emocionales también necesitan tiempo para curarse. En estas situaciones, necesitamos ejercitar nuestra paciencia y permitir que pase el tiempo necesario para que experimentemos el sentimiento liberador que nuestros corazones pueden perdonar. Muchas veces, el perdón puede ser una acción muy privada e íntima, un proceso que tiene lugar dentro de nosotros mismos. Incluso puede volverse innecesario decirle verbalmente a la persona que nos lastimó "te perdono". Lo que más importa es que internamente experimentemos la transformación y la liberación y estemos listos para perdonar.

El amor se nutre con el perdón.

Esperanza

La esperanza es la luz que guía el amor a través de los tiempos difíciles y oscuros. La esperanza significa tener fe en la humanidad y en el objetivo más amplio de crear una sociedad basada en los principios del amor. Significa creer que las situaciones mejorarán, que el cambio es posible. La esperanza nunca se pierde en la búsqueda del amor, y es el único pilar que nunca puede caer en nuestro templo. La esperanza siempre es fuerte, mantiene la estructura unida y nos permite reconstruir los demás pilares.

Tener esperanza nos ayuda a sobrevivir. Es como el sol que sale cada mañana para recordarnos que hay otro día, una nueva posibilidad, otra oportunidad. Cuando pasamos por momentos difíciles en la vida, es casi imposible superarlos si no tenemos esperanza. El minuto en que la desesperanza se apodera de nuestra vida, de repente perdemos sentido, nuestra capacidad de imaginar un nuevo y mejor mañana. Es un lugar oscuro y aterrador, y muchas veces no termina bien, ¿para qué sirve vivir si realmente no vemos la luz al final del túnel? Nos damos por vencidos. Por eso, por más difícil que sea encontrar esperanza en algunas ocasiones, es imperativo que la mantengamos con todas nuestras fuerzas, porque la posibilidad de un futuro mejor nunca deja de existir. La esperanza existe precisamente porque un mañana mejor es posible y sólo tenemos que recordar eso cuando estemos a punto de perderla.

Tener esperanza también nos ayuda a extender y compartir nuestra esperanza con los demás. Si la esperanza es una vela, y la nuestra está encendida, podemos encender la vela de otro cuya luz se haya extinguido. Sí, la esperanza es transmisible y esto nos permite asegurarnos de que cuando la esperanza de alguien parpadea y disminuye, podemos acercarnos a ella y volver a encenderla. La esperanza no es mera ilusión, ni es un engaño; en realidad, encarna nuestro potencial humano, existe porque representa lo que es concebible, imaginable y posible.

Cuando digo que la esperanza nos ayuda a sobrevivir, lo digo de la manera más literal posible. Tener esperanza puede ser el catalizador que nos ayude a superar la adversidad. De hecho, tener esperanza nos da la fuerza para luchar, superar obstáculos y tener un mejor mañana. De alguna manera, se convierte en una profecía autocumplida. El amor es esperanzador, nunca se rinde y revela lo que es posible una vez que permitimos que impregne nuestras vidas.

El amor se nutre con la esperanza.

Lovescaping en Acción

Imagina un mundo donde se escuche la voz de todos, donde establezcamos relaciones e intercambiemos amor, ideas, cultura, historias y conocimiento de una manera respetuosa y humilde. Imagina un mundo donde no haya opresión, ni guerras. Imagina un mundo donde se defiende la dignidad y el respeto y donde se valoran las diferentes formas de conocimiento. Imagina un mundo donde las escuelas se conviertan en lugares donde aprendamos a amar. Imagina lo diferente que sería nuestro mundo si adoptáramos Lovescaping como una forma de vida.

Una vez, durante una discusión en clase sobre la *Pedagogía de los Oprimidos* de Paulo Freire, uno de mis colegas de repente preguntó: "¿cuál es el marco lógico del amor?" Un momento de silencio incómodo y algunas risitas siguieron, y la clase lo ignoró, desechando esta pregunta seria, importante y central. Puede parecer divertido suponer que posiblemente haya un marco lógico para el amor, de la misma manera que existen los marcos lógicos para la planificación de proyectos, pero de hecho, esta pregunta se enfoca en el centro de mi trabajo en educación y mi filosofía de Lovescaping: podemos enseñar a las personas cómo amar.

Consideremos cómo sería Lovescaping en acción si comenzamos este trabajo en las escuelas. Creo que las escuelas son lugares de transformación, donde podemos desarrollar nuestro potencial como seres humanos que practican el amor en acción. Si comenzamos allí, el efecto de onda se expandiría a todas las esferas de la vida. Imagina cómo serían nuestras comunidades, gobiernos, empresas y hospitales si todos aprendiéramos a amar en nuestras escuelas. Imagina cómo valoraríamos diferentes puntos de vista e ideas. Imagina cómo exploraríamos múltiples perspectivas para pensar críticamente, analizar, considerar, empatizar, comprender y aceptarnos mutuamente. Imagina lo que podríamos lograr.

Nuestro sistema educativo hace muy poco para nutrir y cultivar emociones saludables, la autoestima o el amor propio. ¿Cómo podemos practicar el amor a través de nuestras acciones si nunca aprendimos a amar? Imagínate si las escuelas sirvieran como entornos seguros, amorosos y acogedores donde los estudiantes aprendieran las habilidades que crean el amor. Imagina cómo sería nuestra sociedad si incorporáramos Lovescaping como un elemento central de la educación, y podríamos desarrollar y trabajar en nuestros pilares a lo largo de toda nuestra trayectoria escolar. Pasamos algunos de los años más formativos de nuestras vidas en las escuelas y si pudiéramos aprovechar este tiempo precioso para practicar los pilares de Lovescaping, nos graduaríamos de la escuela secundaria con las herramientas para practicar el amor en acción a lo largo de nuestras vidas.

Si las escuelas se convirtieran en lugares donde aprendemos a tocar la sinfonía de Lovescaping, donde unimos las piezas de nuestro rompecabezas y construimos nuestro templo fuerte a través de la práctica de nuestros pilares, seguramente nuestro mundo entrará en una nueva era. La próxima generación de seres humanos ejemplificaría los pilares de Lovescaping en cada aspecto de su trabajo y sus vidas. Imagina la humanidad del mañana, basada en un sistema de confianza y respeto, donde las organizaciones son dirigidas con honestidad, resolviendo conflictos con empatía y humildad; donde nos enseñan a perdonar; donde expresamos nuestra preocupación mutua a través de acciones solidarias y de cuidado; donde celebramos ser vulnerables; donde extendemos nuestra compasión para compartir nuestro sufrimiento; donde nos comunicamos de forma clara y sin reservas; donde valoramos la paciencia porque entendemos que lo importante toma tiempo; donde practicamos gratitud por todas las pequeñas alegrías cotidianas; donde nuestra liberación está unida a la de todos y donde nunca perdemos la esperanza y la usamos como una luz de guía a través de este camino rocoso pero gratificante llamado amor.

No quiero sugerir que Lovescaping debería ser sólo una materia que aprendamos en la escuela. Este no es el fin, sino un medio poderoso e impactante mediante el cual podemos sentar las bases para que nuestra próxima generación esté equipada con las herramientas para amar. Como adultos, nuestros hábitos son más difíciles de desaprender. Estamos tan establecidos en nuestros propios caminos, que se requiere de un

esfuerzo extra para que nos volvamos lo suficientemente conscientes como para darnos cuenta de dónde
nos desviamos en nuestro camino hacia el amor.

Aunque puede ser más desafiante a medida que envejecemos, todos tenemos la capacidad de aprender y
mejorar nuestras habilidades de Lovescaping en cualquier momento de nuestras vidas. Te animo a que
empieces liderando el camino. Muestra amor a través
de tus acciones, comienza hoy. Incluso los actos más
pequeños pueden tener enormes repercusiones. Nuestras acciones son un reflejo de nosotros mismos.

El Lenguaje *Sentipensante*

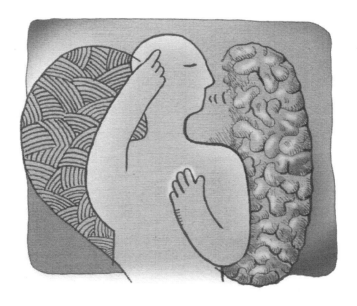

La palabra *sentipensante* captura brillantemente la idea de unir pensamientos y sentimientos para describir un estado de ser. Sentir y pensar todavía están segregados, especialmente en la educación, donde nos enfocamos en la cabeza mucho más que en el corazón. El término *sentipensante* fue compartido originalmente por Orlando Fals Borda, uno de los padres de la investigación participativa durante sus estudios de comunidades de agricultores de subsistencia en las regiones costeras de Colombia. Sentipensante fue utilizada por las personas para describir su forma de vida y la importancia de dar igual validez a los asuntos de la cabeza (razón) y a los asuntos del corazón.

Si concebimos la educación como una oportunidad para enseñar el lenguaje sentipensante, en el que el amor se enseña en términos de pensamiento y sentimiento, estaríamos cambiando la forma en que pensamos y actuamos en todos los aspectos de nuestra vida común. Nos destacamos en preguntar "¿qué piensas?" cuando en vez podríamos preguntar: "¿qué sientes?" Si pudiéramos conectar el corazón y la mente con lo que los estudiantes están aprendiendo, estaríamos comprometiéndolos como seres completos y permitiéndoles la oportunidad de expresar todos sus sentimientos y emociones. A través del lenguaje sentipensante, incorporamos todos los pilares de Lovescaping en nuestras vidas, desde las lecciones que enseñamos a nuestros hijos hasta los planes estratégicos que hacemos para nuestras profesiones y comunidades. Al hacer esto, le damos el mismo valor a cómo nos sentimos y a lo que pensamos.

Al reconocer la importancia (y reconocer la falta) de amor en la educación -y más ampliamente en la sociedad- abrimos un canal para la posibilidad de establecer Lovescaping como nuestro nuevo paradigma. Lovescaping como estilo de vida implica un esfuerzo constante para asegurarnos de que todos estamos abrazados: porque si una persona está encadenada, todos estamos encadenados. Esta forma de vida nos permite desarrollar una conciencia social que nos hace más conscientes de las necesidades de nuestros vecinos y nos permite vivir en armonía dentro de nuestra comunidad donde nuestro significado y realidad colectivos se comparten a través de un "nosotros": uBuntu. También nos permite participar constantemente en la práctica de aprender a amarnos a nosotros mismos, ya que no podemos enseñar a otros cómo amar si no practicamos el amor propio.

En *Enseñando a Transgredir*, bell hooks resalta la importancia del bienestar: "La educación progresiva, holística, la 'pedagogía comprometida'... hace hincapié en el bienestar. Eso significa que los maestros deben comprometerse activamente con un proceso de *autoactualización* que promueva su propio bienestar para que puedan enseñar de una manera que empodere a los estudiantes".

Un individuo *autoactualizado* se ama a sí mismo y, por lo tanto, será capaz de amar a los demás. Thich Nhat Hanh, el monje budista vietnamita que ha informado mucho el trabajo de bell hooks, enfatiza que "la práctica de un curandero, terapeuta, maestro o cualquier profesional de ayuda debe dirigirse hacia él o ella misma, porque si el ayudante no está contento consigo mismo/a no puede ayudar a muchas personas". El concepto de un "profesional de ayuda" y el maestro que ayuda a sus alumnos en el camino hacia el amor propio puede ser problemático si no se explica adecuadamente.

La artista, educadora, activista y académica murri, Lilla Watson, ofrece el enfoque correcto para visualizar esta cadena colectiva de ayuda en la que el ayudado no está dominado por el ayudante: "Si ha venido aquí para ayudarme, está perdiendo su tiempo, pero si ha venido aquí porque su liberación está ligada a la mía, entonces trabajemos juntos". Observa que no hay jerarquía ni dinámica de poder bajo este paradigma; en cambio, existe una solidaridad implícita, una interdependencia y una interconexión intrínsecas en las que tu bienestar, tu libertad y tu humanidad están inevitablemente ligadas a la mía.

En su ensayo de 1925 "Lo Que Creo", Bertrand Russell afirmó: "La buena vida es aquella inspirada en el amor y guiada por el conocimiento". No podría estar más de acuerdo con esta afirmación. Russell continúa diciendo: "Aunque tanto el amor como el conocimiento son necesarios, el amor es, en cierto sentido, más fundamental, ya que llevará a las personas inteligentes a buscar el conocimiento, a fin de descubrir cómo beneficiar a quienes aman".

Guiado por los pilares de Lovescaping, el conocimiento es co-construido por los educadores y los educandos. Cada alumno trae a la mesa una forma nueva y diferente de observar, pensar, conocer y existir en el mundo. ¿Cómo damos valor y voz a sus experiencias? ¿Cómo conectamos el currículo con su pasado, presensente y futuro? ¿Cómo podemos hacerlo relevante y pertinente?

Desafortunadamente, el amor no es una parte central de nuestro sistema educativo, en parte porque no está definido y en parte porque no se puede medir: si no se puede medir, no existe, ¿no? El frenesí de medición que ha invadido nuestras escuelas quebranta en gran medida la importancia del amor y de las habilidades sociales y emocionales que necesitamos para estar preparados para enfrentar los desafíos de un mundo globalizado, polarizado y dividido. Evidentemente, no hay un solo instrumento mágico que pueda medir el amor en su totalidad.

Pero si utilizáramos un enfoque integral y holístico para medir, es decir, no solo usar datos cuantitativos, sino también información cualitativa basada en las experiencias y los cambios vividos por las personas, podemos comenzar a observar el papel crucial que juega el amor, no solo en nuestra experiencia educativa sino también en nuestra experiencia humana. Y los resultados serán tan reveladores que representarán un cambio verdaderamente revolucionario en nuestra historia. Seremos testigos de una disminución en el conflicto, la desigualdad, la guerra y en la mayoría de los problemas que afectan a nuestro mundo.

A veces me siento derrotada porque nuestros sistemas educativos a menudo desalientan este tipo de filosofía. En un modelo estandarizado de educación vinculado a las pruebas de alto riesgo, hay poco espacio para la creatividad, para el cuestionamiento, para la resolución de problemas o para pensar diferente. Los educadores son evaluados sobre cuán bien pueden desempeñarse sus estudiantes en estas pruebas estandarizadas y terminan teniendo que enseñar para la prueba, que es exactamente lo contrario de co-construir, explorar y pensar creativamente. Necesitamos cambiar el sistema, pero para hacerlo debemos juntarnos y reconocer que hay algo fundamentalmente incorrecto en nuestro modelo actual. ¿Para qué estamos educando a nuestros hijos? ¿Cuáles son las habilidades y los conocimientos que necesitan para estar preparados para enfrentar los desafíos de nuestro mundo globalizado del siglo XXI?

La respuesta a esta pregunta es difícil porque la tecnología está avanzando tan rápidamente que es un desafío mantenerse al día con los cambios. Si bien el camino no es claro ni fácil, para poder avanzar, debemos equipar a nuestros hijos con las habilidades sociales y emocionales para que aprendan a trabajar juntos, resolver problemas, pensar de forma creativa y determinar soluciones.

Las preguntas que deberán resolver no tienen una respuesta correcta o incorrecta simple como en una prueba estandarizada. Las preguntas que enfrentarán a lo largo de sus vidas son abiertas, evolucionan, son difíciles, desordenadas y multifacéticas. A medida que nuestras comunidades se vuelven cada vez más diversas, nuestro mundo más complejo y nuestros problemas más globales, es imperativo que aprendamos cómo cooperar, cómo vivir en paz unos con otros, cómo ser solidarios, cómo cuidar y cómo empatizar y entender a otros que son muy diferentes a nosotros. En otras palabras, tenemos que aprender Lovescaping para asegurar un futuro mejor para las generaciones venideras.

Enseñando a Amar. Encontrando Significado.

Para mí como educadora, es en las acciones, experiencias, cartas, poemas y comentarios de mis estudiantes donde encuentro significado. Enseñar para mí siempre ha sido, ante todo, sobre el amor: tanto sobre enseñar a los estudiantes cómo amarse a sí mismos y cómo amarse unos a otros, yo amar a mis estudiantes, y sobre inculcarles un amor por el aprendizaje. En el proceso, he presenciado el florecimiento de mis alumnos, las infinitas posibilidades que surgen una vez que creen en sí mismos, una vez que cultivan su autoestima, y, sobre todo, su amor propio.

Por eso sé que las escuelas pueden ser transformadoras. Siempre he hecho de mi aula un espacio liberador, donde cada uno de nosotros tiene la libertad de explorar (y digo "nosotros" porque no es una relación jerárquica, soy un aprendiz tanto como un maestro). Juntos, exploramos formas significativas de ser en el mundo, de expresarnos, de pensar, de escribir, de cantar, de bailar, de vivir. Al celebrar todas las diferencias que nos hacen únicos, compartimos la fuerza de unión más importante: como individuos y como grupo, amamos. Amamos a través de la validación de nuestras opiniones, nuestra autoexpresión y nuestra singularidad, sin prejuicios y sin miedo.

¿Qué es lo que hace que un aula sea un lugar especial donde el amor puede ser alimentado, enseñado, aprendido y practicado? ¿Cómo es el amor en acción? Comencé a investigar, leer ensayos y disertaciones de educadores que luchaban con problemas similares. Gran parte de su trabajo resonaba conmigo, muchos de los sentimientos que tengo hacia la educación, el mundo... Sí, encontré consuelo, inspiración y esperanza en bell hooks, en Paulo Freire. Sí, en otras muchas mentes brillantes que admiro. Pero de repente me detuve. Me di cuenta de que estaba buscando en el lugar equivocado. No porque las ideas o técnicas de estos educadores fueran incorrectas o porque no estuviera de acuerdo con ellos, sino porque sentí que por mucho que apreciara lo que estaba leyendo, no podía conectarme con eso. Estaba fuera. Estaba llevando a cabo una búsqueda externa de algo interno que he llevado conmigo desde que tengo memoria. No estaba buscando en el lugar correcto.

¿Qué estoy haciendo? Pensé. No es en la investigación académica donde encontraré lo que estoy tratando de aportar, compartir, hacer. Mientras leía el trabajo de mis alumnos, sus cartas, poemas y comentarios, me reconecté al significado de todo, a mi pasión, a mi propósito.

Allí, ante mis ojos, está la evidencia, la prueba de por qué la educación no puede ser más que una profesión de amor. *¿Por qué tengo una convicción tan fuerte de que esto es cierto, de que esto funciona?* ¿Dónde está mi evidencia, mi investigación cualitativa y cuantitativa que demuestra que mi metodología, lo que he llegado a llamar Lovescaping, funciona?

Me tomó mucho tiempo nombrar lo que estaba haciendo, lo que quería hacer: quería amar, transmitir ese amor y usar el amor como la fuerza conductora para enseñar cualquier cosa, desde un lenguaje hasta un concepto biológico complejo, o incluso una fórmula matemática. Y si permitiera que nuestra aula fuera el lugar donde utilizamos nuestro potencial como seres humanos capaces de amarnos a nosotros mismos, a los demás y al mundo que nos rodea, podría hacerlo.

¿Dónde empezamos? me pregunto todos los días cuando pienso en nuestro mundo con todos sus problemas. Elijo empezar aquí, con amor. El amor es el principio, el medio y el fin.

Necesitamos que las escuelas sean sitios donde todos podamos desarrollar las herramientas y las habilidades para aprender a amar. Necesitamos niños educados en el amor para crecer en posiciones de responsabilidad en nuestro mundo. Necesitamos un trabajo de sanación en el amor para todos aquellos que crecieron en un sistema basado en el miedo en lugar del amor.

Mientras miraba la evidencia que tenía ante mí, montones de papeles con las palabras de mis alumnos escritas en ellos, diarios que he guardado a lo largo de los años, recuperé la esperanza y encontré un significado. Estaba allí, justo frente a mis ojos, las palabras que necesitaba para nombrar esta metodología, esta filosofía, esta forma de vida, de la práctica de la educación: era amor, amor en acción.

¿Cuáles son las cualidades del educador y el ambiente de clase que lo convierten en el lugar ideal para nutrir el amor? Mi experiencia como Lovescaper y educadora me da el siguiente marco a través del cual continúo explorando y desarrollando Lovescaping como una filosofía y una forma de vivir y enseñar. Leí y tomé nota de todos los comentarios que he recibido de mis alumnos, colegas, mentores, maestros, amigos y familiares a lo largo de mi vida, y comencé a codificar los temas y las palabras que aparecían una y otra vez en sus escritos. Desde los muy jóvenes a los muy viejos. Encontré conceptos recurrentes que me ayudan a validar Lovescaping. Éstos son:

Tener un corazón abierto y abrazar a todos

Luchar por la paz, la justicia y la reconciliación

Tener integridad

Entrega total / dedicación

Ser generoso

Ser incondicional

No juzgar

Ser apasionado

Construir confianza en sí mismo

Nutrir la inspiración

Encontrar lo bueno y lo mejor en los demás

Encontrar belleza en todas partes

Ser alegre y feliz: mostrar placer y deleite en la enseñanza

Ser amable y amistoso

Ser vulnerable, abierto, honesto, cariñoso

Ser humilde

Ser paciente

Compartir: convivir, colaborar

Ser considerado y tratado igualmente

Aceptar

Ser respetuoso

Ser amoroso

Ser genuino

Ser valiente

Ser empático

Crear una visión

Traer luz

Establecer confianza

Traer Luz

La referencia a traer luz en el aula que mencionan mis alumnos me remite al Dr. Martin Luther King Jr: "La oscuridad no puede eliminar la oscuridad, solo la luz puede hacer eso". En varias de sus notas, mis alumnos mencionan la transición desde la oscuridad a la luz. "Nos has dado la oportunidad de dejar la oscuridad y entrar en claridad", dice uno, y otro dice: "Eres una luz que guio mis pasos porque desde entonces tuve motivos para progresar". Los estudiantes que son tratados con amor se dan cuenta de que todo es posible, que pueden tener una visión, y que, a través de nuestras numerosas conversaciones, diálogos, momentos compartidos y colaboraciones, pueden ver la luz. Encender esa llama es crucial en nuestras clases si queremos que nuestros alumnos crean en sí mismos y deseamos mostrarles que creemos en ellos. La esperanza contribuye a mantenerlos motivados. Ese viaje de transición de la oscuridad a la luz sirve como la metáfora perfecta para la educación en general y el amor como una luz guía en ese viaje.

Crear una Visión

Tener una visión está vinculada a la idea previa de pasar de la oscuridad a la luz y traer luz al aula y a la vida del estudiante. Esta luz en última instancia se traduce en tener esperanza. He trabajado con muchos estudiantes para quienes el pasado no genera esperanza. Un pasado que está lleno de dolor, pérdida, guerra y opresión ofrece muy poco espacio para la esperanza. La esperanza solo puede existir para el estudiante cuando hay una visión para un futuro más brillante por delante; y ese futuro más brillante se hace posible cuando el maestro abre esa puerta de posibilidades a través del cultivo del amor y el conocimiento; el amor es el medio a través del cual es posible adquirir conocimiento que conduce al aprendizaje de una habilidad que puede usarse para crear una visión para un mejor mañana. Esta acción requiere la participación y el apoyo de toda la clase. La esperanza es contagiosa, y cuando la estudiante se da cuenta de que no está sola en esta lucha, se vuelve aún más fuerte, la visión se vuelve más clara cuando todos se esfuerzan por alcanzarla. El amor del maestro puede ser el catalizador para que la visión de los estudiantes comience a tomar forma, tener esperanza y visualizar colectivamente. Como bien lo dijo Paulo Freire: "La lucha por la esperanza es permanente y se intensifica cuando uno se da cuenta de que no es una lucha solitaria".

Aceptación y Congruencia

Lovescaping se basa en la premisa de que practicamos lo que predicamos. Esencialmente, esto significa ser congruentes, que nuestras acciones coincidan con nuestras palabras. La congruencia es lo que une la teoría y la práctica, y el amor no puede existir cuando no hay congruencia entre las dos. La referencia de mis alumnos a aceptar se refiere a la capacidad de escuchar y aceptar diferentes puntos de vista. La aceptación está ligada a la humildad, ya que no podemos aprender a aceptar si no somos lo suficientemente humildes para reconocer nuestras propias limitaciones y entender que ninguno de nosotros posee la verdad suprema. La empatía también nos ayuda a desarrollar la aceptación, ya que el hecho de poder colocarnos en el lugar de otras personas nos permite ver el mundo a través de sus lentes y sentir con ellos.

Cuando hacemos esto, es más fácil comprender sus puntos de vista, incluso si no coinciden con los nuestros. La aceptación también conduce a la transformación, ya que la persona con la que practicamos la aceptación se siente respetada y validada y, por lo tanto, puede comenzar a aceptarnos a nosotros, un ciclo que finalmente nos lleva a abrazarnos.

Mis clases, tanto en entornos escolares formales como informales (reuniones de amigos, un picnic al aire libre o en cualquier lugar donde vea el momento de enseñanza) son espacios de descubrimiento, curiosidad y libertad, donde aprendo tanto o más que mis estudiantes. El currículo que utilizamos es un trabajo en progreso: lo creamos sobre la marcha, adaptándolo a las necesidades e intereses de los estudiantes. Es un proceso de co-creación. Aliento a mis alumnos a ser creativos, a ser propietarios y sentirse orgullosos de su trabajo. Exploramos diferentes formas de expresión, ya sea en forma de una canción que escribieron para cantar en clase, o un poema, un baile, una pintura... Su trabajo creativo me inspira y me hace sentir orgullosa de ellos y privilegiada que hayan elegido compartirlo con todos nosotros en la clase. Los alumnos comparten y participan porque se sienten valorados y validados. Siempre los aliento y los apoyo, y me aseguro de que los demás también lo hagan. Entonces el amor comienza a ser nutrido colectivamente a través del apoyo y la admiración por el trabajo que cada uno de nosotros es capaz de producir.

El aprendizaje ocurre cuando el educador ha creado un entorno amoroso y una relación amorosa con sus alumnos. Muy temprano me di cuenta del poderoso efecto que los maestros tenían sobre mí en la escuela. Los que viven en mi corazón y mi memoria son los que me amaron. Como he dicho, en su esencia, la educación no puede ser sino una profesión de amor; y, por lo tanto, todos nosotros, especialmente aquellos que desempeñamos funciones de enseñanza, tenemos la primera tarea, la más importante y la más difícil: aprender a amar. Si el educador aprende a amarse a sí mismo, a sus alumnos, a su misión, a su tema y a su tarea, tendrá éxito en la enseñanza de los alumnos.

Enseñar es un acto de amor, es una práctica y a través

de nuestro ejemplo como Lovescapers, podemos servir como la encarnación del amor en acción. ¿Y qué mejor manera de enseñar que a través del ejemplo? Me he dado cuenta de que mi certeza en el amor como condición esencial de la educación está profundamente arraigada en mi experiencia de enseñar como un acto de amor. Posteriormente se convirtió en no solo la enseñanza como un acto de amor, sino también la enseñanza del amor. Y de esto se trata Lovescaping: recurrí a mi experiencia, a las voces de mis estudiantes y comunidades para encontrar la evidencia de que lo que he compartido con ustedes aquí existe en la práctica, funciona y produce resultados increíbles: los seres humanos se convierten en Lovescapers.

La Esperanza: El Pilar en Pie

Sé que no estoy sola en esta búsqueda y en esta creencia de que el amor es la expresión, la experiencia y el propósito más importante de la humanidad. El Dr. Martin Luther King Jr. ha sido una fuente constante de inspiración y esperanza, y es raro encontrar palabras y actos de amor tan poderosos, verdaderos y profundos como los que él habló y vivió: "También he decidido adherirme al amor, porque sé que el amor es, fundamentalmente, la única respuesta a los problemas de la humanidad". La descripción del Dr. King sobre el ágape, un principio griego para el amor desinteresado y altruista resuena con Lovescaping. Dr. King explica ágape como:

"... Amor desinteresado. Es el amor en el que el individuo no busca su propio bien, sino el bien de su prójimo. Ágape no comienza discriminando entre personas dignas e indignas, o cualquier otra cualidad que posea. Comienza amando a los demás por el bien de ellos... Surge de la necesidad de la otra persona... Es el amor en acción. Es el amor buscando preservar y crear comunidad. Es insistente en la comunidad, incluso cuando uno busca romper. Es una disposición a sacrificarse por el interés de la reciprocidad y la voluntad de ir a cualquier extensión para restaurar la comunidad..."

Ágape exige intencionalidad tanto como Lovescaping.

Es una búsqueda constante, una voluntad, una acción. La búsqueda y la insistencia en la comunidad están alineadas con uBuntu y el amor sirve como el vehículo por el cual se obtiene y alcanza la comunidad, por encima de todo. Amor en acción es precisamente de lo que Lovescaping se trata, y a través de la práctica constante y la renovación de los pilares del amor en nuestras acciones diarias, vivimos de una manera que es congruente, donde la teoría solo existe porque es practicable. Paulo Freire, en su introducción a la *Pedagogía de los Oprimidos*, afirma: "Desde estas páginas espero que perdure lo siguiente: mi confianza en la gente y mi fe en hombres y mujeres, y en la creación de un mundo en el que será más fácil amar".

El físico contemplativo Arthur Zajonc y el historiador del arte Joel Upton han impartido un curso llamado *"Eros and Insight"* (Eros y Conocimiento) en la Universidad de Amherst que intenta explorar las relaciones entre el amor, el conocimiento y la contemplación. En su ensayo profundamente conmovedor "Amor y Conocimiento: recuperar el corazón del aprendizaje a través de la contemplación", el Dr. Zajonc

239

asume el desafío de unir el conocimiento y el amor: "Me gustaría agregar otro elemento, uno del cual es extremadamente difícil hablar dentro de la academia, sin embargo, creo que es fundamental para su trabajo, la relación entre el conocimiento (en el que destacamos) y el amor (que descuidamos)." El Dr. Zajonc expresa la misma crítica que muchos otros y yo expresamos sobre la academia:

"Los planes de estudios ofrecidos por nuestras instituciones de educación superior han descuidado en gran medida esta tarea central, aunque profundamente difícil, de aprender a amar, que también es la tarea de aprender a vivir en verdadera paz y armonía con los demás y con la naturaleza. Somos expertos en la educación de la mente para el razonamiento crítico, la escritura crítica y el habla crítica, así como para el análisis científico y cuantitativo. ¿Pero es esto suficiente? En un mundo plagado de conflictos, tanto internos como externos, ¿no es igual o mayor la importancia de equilibrar la agudeza de nuestros intelectos con el cultivo sistemático de nuestros corazones? ¿Los usos de la justicia social, el medio ambiente, la paz y la educación no exigen una mayor atención y un lugar más central en nuestras universidades y colegios? Sí, ciertamente..."

El cultivo sistemático de nuestros corazones. La primera vez que leí esas palabras no pude seguir leyendo. Las leí, releí, subrayé, resalté y las escribí en mi diario. Se convirtieron en una especie de mantra que me susurraba una y otra vez. El Dr. Zajonc había expresado en una frase simple una idea tan profunda que hizo que todo se uniera para mí. Quiero cultivar sistemáticamente los corazones de todos mis compañeros humanos a través de la práctica de Lovescaping.

El Dr. Zajonc describe el plan de estudios que utilizaron en la clase y se centró en la construcción del amor, la confianza, la comunidad a través del respeto, la amabilidad, la intimidad, la participación, la vulnerabilidad, la transformación, la formación y el conocimiento. Tanto el amor propio como el amor a los demás son los principios centrales del curso. Los resultados son inspiradores, ya que los estudiantes experimentan un verdadero despertar que los lleva al amor. En la tarea final, se les pide a los estudiantes que vuelvan a imaginar su educación a la luz de *Eros y Conocimiento*. Una de las respuestas de un alumno ilustra la profundidad del curso en su vida cuando exclama: "¿cómo les digo [a sus padres] que ahora lo único que quiero ser en la vida es un amante?"

Practicar Lovescaping es una actualización continua, una búsqueda constante; no es un objetivo que alcanzamos y, por lo tanto, podemos detenernos y retirarnos. La actualización del amor es un compromiso de por vida, un trabajo en progreso, y siempre podemos mejorarlo. Como Lovescaper, practico Lovescaping todos los días de mi vida, en todas mis acciones, desde las más pequeñas y aparentemente triviales hasta las más grandes y aparentemente más importantes: aquí es donde se realiza el verdadero trabajo, en el mundo, interactuando con personas en distintas capacidades todo el tiempo.

No hay mejor manera de enseñar un concepto que a través del ejemplo, liderando el camino. Es a través de nuestras acciones que actualizaremos Lovescaping; y en este esfuerzo intencional de intentar la tarea más difícil de todas, también he empezado a dar clases de Lovescaping.

Consiste en un plan de estudios que enseña los quince pilares a través de una serie de actividades que incluyen juegos, dramatizaciones, discusiones, círculos, reflexiones y creación artística, para involucrar a los estudiantes a través del lenguaje sentipensante. Comencé mis primeros proyectos piloto en donde vivo actualmente, en Houston, Texas, EE. UU., en diferentes escuelas públicas, trabajando con niños y adolescentes durante el horario escolar. A pesar de que los programas se encuentran en etapas tempranas, los estudiantes han sido muy receptivos a las clases, especialmente porque representan un espacio donde podemos explorar la conexión humana real. Es tan claro que no hay nada que quieran más que eso. Hemos estado aprendiendo a caminar en los zapatos de otros (literalmente) para entender metafóricamente de qué se trata la empatía. Hemos estado creando obras de arte para recordarnos todas las cosas por las que estamos agradecidos. Hemos estado compartiendo todas las formas en que demostramos que nos preocupamos por nosotros mismos y por los demás. Hemos estado practicando nuestras habilidades de comunicación a través de dramatizaciones, y aprendiendo a depender el uno del otro con juegos que nos exigen confiar ciegamente entre nosotros. Hemos estado Lovescaping, y esto es solo el comienzo de este cultivo sistemático de nuestros corazones.

Pero, ¿te imaginas si pudiéramos incorporar Lovescaping en nuestro currículum central en todo el mundo? De la misma manera que tenemos clase de matemáticas, clase de lectura, clase de historia, también tendríamos una clase de Lovescaping, donde podemos aprender colectivamente a amar. Quiero enseñar Lovescaping al mundo entero, a seres humanos de todas las edades, a recorrer todos los pilares, comprender lo que significa cada uno y aprender a practicarlos. Espero expandir este sueño de vida, enseñar intencionalmente cómo amar, y los aliento a cada uno de ustedes a que practiquen Lovescaping con todas sus acciones y enseñen los pilares a las personas que los rodean para que puedan aprender y, a su vez, enseñar a otros. De esta manera, podemos construir una cadena virtuosa donde el amor se convierta en el medio y el fin de nuestra experiencia humana.

***

Un mes antes de dejar Mozambique, Elías me dio una agenda de bolsillo con citas de líderes, pensadores, artistas y filósofos de todo el mundo. Todas las citas resonaron conmigo, en particular la primera, una cita de Eleanor Roosevelt, que Elías había subrayado para mí: "La filosofía de una persona no se expresa mejor con palabras; se expresa en las elecciones que uno hace. A la larga, moldeamos nuestras vidas y nos moldeamos a nosotros mismos. El proceso nunca termina hasta que morimos. Y, las elecciones que hacemos son, a fin de cuentas, nuestra propia responsabilidad".

Así es como elijo recordar a Elías, cantando y tocando su guitarra, con esa alegría de vivir que tan contagiosamente compartió con el mundo. Y Lovescaping

es como elijo vivir mi vida. Compañeros de Lovescaping, que nuestras acciones y elecciones reflejen los
pilares de Lovescaping y que podamos llevarlos a cabo con gran responsabilidad.

Epílogo

La Lucha Contra el Cinismo

En este mundo en el que vivimos, es mucho más fácil ser cínico que tener esperanza. Recordemos que, al comienzo de este libro, di el ejemplo de los dos caminos, el azul y el amarillo. Ser cínico es como tomar el camino azul: casi nos disculpa por rendirnos, ya que no tiene sentido luchar por nada. El cinismo es muy tentador; nos bombardean constantemente las malas noticias y somos testigos de todos los actos que son la antítesis del amor cada día en todo el mundo. Sí, hay múltiples razones para volverse cínico, perder la esperanza en la humanidad, desesperarse ante la posibilidad de una sociedad amorosa. Pero me niego a tomar este camino, y al hacerlo, estoy eligiendo activamente el amor sobre el cinismo y luchando todos los días contra él. Es una elección consciente e intencional, al igual que la práctica de Lovescaping. Te animo a que te aferres a la esperanza y te abstengas de hacer la vista gorda: el cinismo es una excusa para la inacción y debemos luchar vigorosamente contra ella.

Elevarnos

Lovescaping no es trabajo fácil, especialmente porque vivimos en tiempos de gran polarización y miedo. Estamos comenzando este trabajo en campos de juego desiguales, y esto contribuye aún más a la dificultad de actualizar una sociedad impulsada por el amor. Depende de cada uno de nosotros llevar a cabo nuestra labor como Lovescapers. No es una excusa decir: "otros no lo están haciendo, ¿por qué debería hacerlo yo?" Imagínate cómo sería el mundo si todos viviéramos por este mantra.

Para comenzar este trabajo, debemos elevarnos por encima del odio, elevarnos por encima del miedo, elevarnos por encima de la opresión, elevarnos por encima de la violencia, elevarnos por encima del racismo, elevarnos por encima de todas las antítesis del amor y, en cambio, abrir el camino hacia Lovescaping. Depende de cada uno de nosotros perpetuar el status quo o guiar el camino hacia el amor. Cuando te enfrentes a un desafío, o a uno de estos obstáculos, recuérdate: *elévate, elévate, elévate.*

Fe en la Humanidad

A veces no me siento como una Lovescaper. A veces, yo también temo que todo esto sea poco realista, idealista o, peor aún, imposible de lograr. En estos momentos, me temo que hay demasiados problemas estructurales en el mundo que deben resolverse antes de que podamos Lovescape. Estoy muy consciente del hecho de que para muchas personas que luchan por encontrar agua y comida, refugio y protección, Lovescaping no parece pertinente y no es una prioridad. Pero luego respiro hondo y pido esperanza. Recuerdo que, si realmente adoptamos Lovescaping como una sociedad y vivimos guiados por los pilares del amor, no habrá personas que luchen por conseguir agua, comida, refugio y protección. Una sociedad que practica Lovescaping no puede aceptar la desigualdad rampante y hará todo lo necesario para proporcionar las condiciones en las que puedan florecer comunidades enteras.

"Comprendes que siempre habrá personas que tienen y personas que no tienen, ¿verdad?", me preguntó un amigo el otro día mientras le contaba acerca de Lovescaping.

Mi respuesta fue: "no, me niego a creer eso. Si construimos una sociedad basada en los principios básicos del amor y practicamos Lovescaping como una forma de vida, nunca habrá personas que "no tienen". Viviremos en una sociedad de Lovescapers, y eso cambiará el mundo".

"Tienes demasiada fe en la humanidad", fue su respuesta.

Tal vez él tiene razón, y tal vez no. Pero elijo ver a la humanidad a través de los ojos de Tuti o Elías, en lugar de los de este amigo. No permitiré que su cinismo me impida seguir adelante con lo que considero como el movimiento más importante de nuestros tiempos: Lovescaping.

En un mundo cada vez más globalizado y polarizado, la necesidad de una educación que nutra y enseñe cómo cultivar el amor, la humildad, la solidaridad y el respeto, y que ayude a desarrollar el pensamiento crítico, la empatía, la pasión y la compasión, no solo es importante, sino también necesario. Es la única fuente de esperanza que nos queda a medida que nos embarcamos en el desafío de enfrentar el conflicto y la deshumanización del mundo.

La educación debe servir a un objetivo más amplio para todos los estudiantes y para el futuro del mundo con toda su diversidad múltiple, con un énfasis en la colaboración y la creación conjunta. Si podemos hacer que el amor sea central en nuestra tarea de educación, desarrollo y formas de vida, entonces la pobreza y la violencia pueden erradicarse para que una sociedad igualitaria que viva en paz equipada con las herramientas para superar las injusticias pueda florecer.

Nuestro mundo necesita de mucha sanación. Cultivemos sistemáticamente nuestros corazones con amor.

Elijo comenzar con Lovescaping.

¿Me acompañarás?

Agradecimientos

Este libro es el resultado de todas las interacciones que he tenido con miles de personas a lo largo de mi vida. Nunca habría suficiente espacio para anotar con precisión a todas y cada una de las personas que han hecho posible Lovescaping. Pero confío en que todos ustedes saben quiénes son, y no necesito nombrarlos para que puedan sentir mi gratitud. Este trabajo existe gracias a ti. Sin embargo, hay algunas personas a las que debo nombrar que me ayudaron a llevar este libro a su estado actual.

A mi mentor, John Rasmuson: gracias por seguir y apoyar mi viaje desde que me gradué de la escuela secundaria. Gracias por leer el primer borrador de este libro y por brindarme valiosos comentarios. Tu sabiduría siempre ha sido una fuente de inspiración para mí.

A Lucy Chambers: gracias por editar y pulir mi manuscrito original. Gracias por creer y apoyar mi trabajo.

A Domingo Oropeza: gracias por transmitir a través de tus hermosas ilustraciones mis conceptos. Les diste vida a mis ideas, y fue un verdadero placer trabajar en equipo.

A mi querida hermana, Sofía: gracias por ayudarme a llevar mi libro a la fase de publicación. No podría haberlo hecho sin tu ayuda. Te adoro.

A mi querida mamá, Carolina: gracias por haber editado mi manuscrito en español con tanto amor y dedicación. Te amo.

A mi querido papá, George, y mi amiga Sally Lechín: gracias por haber revisado mi manuscrito meticulosamente y por sus comentarios/sugerencias.

A mi amigo, Christian Kochon: gracias a ti pude nombrar Lovescaping. Gracias por siempre darme el pequeño empujón que he necesitado para pasar al siguiente nivel. Espero continuar Dreamscaping y Lovescaping juntos.

A mi amiga, Kat Moss: gracias por diseñar mi logotipo de Lovescaping; capturaste lo que imaginé con tanta belleza y sencillez.

A mi amiga, Brandie Mask: gracias por inspirarme a dar mi salto de fe y perseguir Lovescaping.

A mi amiga, Stephanie Coleman: gracias por siempre expandir mi mente y ayudarme a soñar en grande.

A mi amigo, José Cossa: gracias por tu apoyo incondicional de mi trabajo y por darme esperanza. *uBuntu Khanimambo.*

Para mi familia: no creo que hubiese podido Lovescape si no hubiera sido por todo el amor que me dieron al crecer. Todos ustedes plantaron las semillas en mí desde el momento en que nací, y esas semillas han crecido y florecido en Lovescaping. Mami, Mamajose, Papi, Tuti, Sofi, Tíos: gracias por su amor incondicional, por motivarme, apoyarme y ser fuente de inspiración siempre. Gracias por haberme dado las herramientas para ser feliz y para aprender a amar. Los amo.

A mi esposo: gracias por creer en mí y apoyarme desde el principio. Gracias por Lovescape conmigo todos los días; tu amor es liberador.

Notas

Empatía

Definición de empatía: Carl Rogers, *A Way of Being* (Boston: Houghton Mifflin, 1980), p.140.

El Lenguaje *Sentipensante*

Importancia del bienestar: bell hooks, *Teaching to Transgress* (New York: Routledge, 1994), p.15.

Thich Nhat Hanh citado en: bell hooks, *Teaching to Transgress* (New York: Routledge, 1994), p.15.

Bertrand Russell, What I Believe (New York: E.P. Dutton & Co., 1925), p.20, 25.

La Esperanza: El Pilar en Pie

Agape: Martin Luther King, Jr. *An Experiment in Love* (1958).

Eros and Insight: Arthur Zajonc, *Love and Knowledge: Recovering the Heart of Learning Through Contemplation.* Teachers College Record Volume 108 Number 9, 2006, p. 1742-1759 http://www.tcrecord.org ID Number: 1267

Fuentes

Baron-Cohen, S. (2011). *Zero degrees of empathy* (1st ed.). London: Allen Lane.

Brown, R. (2012). The Power of Vulnerability [Audiobook Kindle Fire Version]. Obtenido de Amazon.com

Freire, P. (2000). *Pedagogy of the Heart*. New York: Continuum.

Freire, P. (2005). *Pedagogy of the Oppressed*. New York: Continuum.

Gallegos, R. (2013). *Holistic Education: Pedagogy of Universal Love*. Guadalajara: Fundación Ramón Gallegos.

hooks, b. (2000). *All about love*. New York: William Morrow.

hooks, b. (2006). *Outlaw Culture: Resisting Representation*. New York: Routledge.

King, Jr., M. (1957). *"Loving Your Enemies," Sermon Delivered at Dexter Avenue Baptist Church***. Kingencyclopedia.stanford.edu. Retrieved from http://kingencyclopedia.stanford.edu/encyclopedia/documentsentry/doc_loving_your_enemies/

King, Jr., M. (1967). "Where Do We Go From Here?," Delivered at the 11th Annual SCLC Convention | The Martin Luther King, Jr., Research and Education Institute. Kinginstitute.stanford.edu. Obtenido https://kinginstitute.stanford.edu/king-papers/documents/where-do-we-go-here-delivered-11th-annual-sclc-convention

Marshall, S. (2013). Thoughts on Teaching as a Practice of Love. JAEPL, Volume 19, Winter 2013-2014, 94-107.

Rilke, R.M. (2000). *Letters to a Young Poet*. Novato, CA: New World Library.

Made in the USA
Middletown, DE
01 October 2022